KINDER UNIVERSITÄT DRESDEN

Warum gibt es keinen Neanderthater unter deinen Mitschülern?
Ein Buch der Kinder-Universität Dresden

Herausgeber	Technische Universität Dresden
Redaktion	Katharina Leiberg
Text	Michael Bartsch nach Manuskripten von Prof. Georg Milbradt Prof. Walter Freyer Prof. Dietrich Grönemeyer Prof. Peter Kulka Prof. Till Roenneberg Prof. Udo Becker Prof. Martin Schulte Prof. Ernst W. Messersch··· Prof. Elisabeth Knust Prof. Ines Geipel Prof. Christoph Breitkr Prof. Claus Luley Prof. Matthias Kliegel Prof. Gerd-Christian Weniger Prof. Wolfgang Lessing und Prof. Stefan Gies
Illustration und Satz	Doreen Thierfelder

D1700085

Die Semester der Kinder-Universität Dresden wurden unterstützt von:

Kinder-Uni
macht schlau

KINDER
UNIVERSITÄT
DRESDEN

www.ku-dresden.de

Inhaltsverzeichnis

Liebe junge Leserin, lieber junger Leser!

Schön, dass du das neue Buch der Kinder-Universität Dresden in den Händen hältst! Es ist ja inzwischen schon das dritte Buch unserer Kinder-Universität. Auch diesmal kannst du 15 Vorlesungen, die zuvor in der Kinder-Universität gehalten wurden, nachlesen.

Mein Name ist Hermann Kokenge und ich bin der Rektor der TU Dresden.

Doch was macht ein Rektor? Der Rektor einer Universität ist eigentlich so etwas Ähnliches wie der Direktor einer Schule. Nur, dass wir natürlich an der Universität viel mehr Studierende haben als es Schüler an einer Schule gibt. Hier an der TU gibt es insgesamt 35000 Studenten. Und bei den Vorlesungen der Kinder-Universität sitzen in unserem größten Hörsaal, dem sogenannten AUDIMAX, etwa 1000 Studenten. Vielleicht hast du auch schon das eine oder andere Semester an der Kinder-Universität studiert. Als ich Kind war, gab es leider noch keine Kinder-Universität. Dabei hätte ich mich eigentlich auch sehr gern von Professoren in ihre Welt der Wissenschaft und Forschung mitnehmen lassen.

Wie du vielleicht weißt, gibt es an der TU Dresden viele verschiedene Wissenschaftsgebiete mit sehr vielen Professoren, von denen einige auch schon in der Kinder-Universität Vorlesungen gehalten haben. In diesem Buch kannst du 15 dieser Vorlesungen aus verschiedensten Forschungsrichtungen nachlesen. Du kannst dich entführen lassen in die Welt der Wissenschaft, kannst über Vulkane, über das Gedächtnis, über Piraten, Ernährung, das Altern und viele andere spannende Themen lesen.

Ich wünsche dir dabei viel Spaß! Möge dich das Buch so für wissenschaftliche Phänomene begeistern, dass wir dich in einem der nächsten Semester in der Kinder-Universität an der TU Dresden begrüßen können.

Hermann Kokenge
Rektor der TU Dresden

Warum brauchen wir einen Staat?

Prof. Dr. Georg Milbradt, ehemaliger Ministerpräsident von Sachsen

NICOLÒ MACHIAVELLI
(1469 – 1527)

PLATON
(427 v.Chr. – 348 v.Chr.)

THOMAS MORUS
(1478 – 1535)

Nein, dieser Staat, habt ihr vielleicht auch eure Eltern schon einmal klagen hören, er kassiert so viele Steuern, er mischt sich in alles ein, er wird von Unfähigen regiert. Andererseits rufen die Leute wieder schnell nach dem Staat, wenn ihnen etwas nicht gelingt, wenn es Streit gibt oder wenn es ihnen schlecht geht. Der Staat, das sind dann immer andere, Politiker, Machthaber, Leute, an die man nicht herankommt. Viele kommen gar nicht auf die Idee, dass der Staat etwas mit uns allen zu tun haben könnte. Er ist nämlich schlichtweg die Form, in der wir, meist Angehörige einer Nation, unser Zusammenleben organisieren.

Einer, der von den Klagen und den Wünschen der Staats-Bürger ein Lied singen könnte, ist der bis April 2008 amtierende sächsische Ministerpräsident Georg Milbradt. Gesungen hat er nicht, das liegt ihm nicht so, aber für die Kinder-Kommilitonen einmal die wichtigsten Dinge zusammengefasst, die einen Staat ausmachen. Schließlich stand er sechs Jahre lang an der Spitze des Freistaates Sachsen und kennt die unterschiedlichen Erwartungen an den Staat genau. Vor ihm haben auch schon berühmte Philosophen und Gelehrte darüber nachgedacht, wie man das Zusammenleben in einem Staat am besten und gerechtesten organisieren könnte. Der Grieche Platon zum Beispiel, der Italiener Niccolò Macchiavelli oder der Engländer Thomas Morus. Im Laufe der Geschichte haben sich Formen entwickelt, die sich in der Praxis am zweckmäßigsten erwiesen haben. Die Staatsform der Demokratie, also der Volksherrschaft, gehört dazu. Wir leben in einer solchen Demokratie.

Nun ist der Staat gar nicht so allgegenwärtig im täglichen Leben, wie manche Leute schimpfen. In einer Situation denkt aber bestimmt jeder sofort an den Staat: Wenn uns nämlich ein Polizist begegnet, vielleicht Personalausweis und Führerschein sehen will oder wir gar auf das Polizeirevier bestellt werden. „Zur Klärung eines Sachverhalts" heißt es meist in der Einladung, und das kann alles Mögliche bedeuten. Vor Polizisten haben wir unwillkürlich Respekt. Hinter ihnen steht eine Macht – die Staatsmacht. In deren Namen kann die Polizei etwas verlangen und etwas durchsetzen. Für einige kann das auch Zwang bedeuten, wenn sie sich nicht fügen wollen.

Die Polizei tut das in der Regel aber nicht, um Stärke und Macht zu demonstrieren. Wenn uns eine Tasche oder gar ein Auto gestohlen wird, rufen wir ja auch nach der Polizei. Sie soll, ja muss Verbrechen aufklären. Sie muss Fußballfans oder wilde Demonstranten im Zaum halten. Sie muss Raser kontrollieren, damit Kinder auf ihrem Schulweg nicht zu Schaden kommen. Es geht, kurz gesagt, um den Schutz der Bürger. Um den Schutz einer großen Mehrheit gegenüber Einzelnen, die bewusst oder unbewusst andere gefährden.

Nur der Staat darf mit Hilfe seiner Polizei in Konfliktfällen eingreifen. Man nennt das auch das Gewaltmonopol des Staates. In dieser Hinsicht kann man die Schule mit einem kleinen Staat vergleichen. Die Pausenaufsicht auf dem Hof führen nur Lehrer oder große Schüler mit Autorität. Anerkannte Streitschlichter unter den Schülern bemühen sich um Frieden und Ausgleich, wenn es kracht. Wenn jeder meinte, er könne durchsetzen, was er für Recht hält, hätten wir bald das Chaos. Die Menschen würden sich gegenseitig an die Gurgel gehen wie Wölfe, wir hätten die sogenannte Wolfsgesellschaft mit dem Kampf aller gegen alle. „Homo homini lupus" hat das auf Lateinisch der römische Komödiendichter Plautus genannt – der Mensch ist dem Menschen ein Wolf. Bekannter ist das Zitat durch den im 17. Jahrhundert lebenden englischen Staatsphilosophen Thomas Hobbes geworden.

Ein wichtiges Stichwort ist schon gefallen, das vom Recht nämlich, und den Begriff „Ordnung" denken wir meist hinzu. Denn auch jedem noch so dickköpfigen Kind mit einem starken Willen leuchtet ein, dass das Zusammenleben von Menschen Regeln erfordert. Da gibt es ungeschriebene der Höflichkeit und des Anstandes. Und es gibt solche, die klar und schriftlich niedergelegt formulieren, was erlaubt und was verboten ist. Schon Schulanfänger tragen in den ersten Schulwochen Regeln zusammen, an die sie sich in der Klasse im Interesse aller Schüler halten wollen. Wir wollen jetzt nicht zuerst an die vielen Vorschriften und Ordnungen in Mietshäusern, Betrieben oder Behörden denken, von denen es manchmal zu viele gibt. Menschen neigen dazu, für jede irgendwie denkbare Situation schon eine Regel vorab aufstellen zu wollen. Dann kommt sogar manchmal der Staat und will bei den vielen unübersichtlichen Vorschriften entrümpeln. Deregulieren nennt man das. Uns geht es vor allem um die großen Regeln, an die sich auch der Staat hält, die Gesetze nämlich. Wenn sich alle an die Gesetze halten sollen und halten müssen, dann ist die Frage besonders interessant, wer die Gesetze beschließt und erlässt.

Manche Kinder meinen, das mache die Bundeskanzlerin, Frau Merkel. Aber diese Zeiten sind vorbei, wo ein Fürst oder ein König nach seiner Willkür das Recht bestimmen konnte. „L´ État c´est moi", hat der französische König Ludwig XIV. gesagt, „der Staat, das bin ich!".

Wenn sich alle an Gesetze halten müssen, dann sollten sie auch von möglichst vielen beschlossen werden. Das ist ein Prinzip der Demokratie, also der Volksherrschaft. Nun könnte man das so machen, wie es in einigen Kantonen, also den Bezirken der Schweiz heute noch geschieht. Vielleicht drei Mal im Jahr versammeln sich möglichst alle Bürger auf dem Marktplatz, und dann wird direkt über einen Gesetzesvorschlag abgestimmt. Professor Milbradt hat ausrechnen lassen, welchen Platz man brauchen würde, um alle rund dreieinhalb Millionen erwachsenen und damit wahlberechtigten Sachsen so zusammenzutrommeln. 200 Fußballfelder wären nötig oder, wenn man sich in geschlossenen Räumen treffen wollte, 3500 Hörsäle der Größe des Hörsaalzentrums der Technischen Universität Dresden, wohin auch die Dresdner Kinderstudenten strömen.

Das wäre mühsam und sehr unpraktisch, zumal dann, wenn alle noch reden wollten. Deshalb werden Gesetze und Regeln in überschaubaren Versammlungen beschlossen. Solche Parlamente gibt es auf den verschiedensten Ebenen. Es beginnt beim Gemeinderat oder dem Stadtrat und setzt sich beim Kreistag eines Landkreises fort. Ein Bundesland hat einen Landtag, und Entscheidungen für die gesamte Bundesrepublik trifft der Bundestag. Für alle gilt, dass dort Abgeordnete stellvertretend für uns alle sprechen und abstimmen. Sie werden von den Bürgern gewählt, die sie vertreten sollen. Das ist im Grunde nicht anders, als wenn ihr einen Klassensprecher wählt, der eure Interessen in der Schulkonferenz vertritt. Im sächsischen Landtag sitzen derzeit 124 Abgeordnete. Rein rechnerisch vertritt ein Landtagsabgeordneter also 28 000 Bürger.

Die Parlamente, die Versammlungen der gewählten Volksvertreter, nennt man die erste Gewalt im Staat. Das Fremdwort dafür lautet Legislative – da steckt das lateinische Wort für Gesetz drin. Die zweite Gewalt bilden diejenigen, die Gesetze ausführen und Beschlüsse der ersten Gewalt praktisch umsetzen. Das ist die Exekutive. An ihrer Spitze steht die Regierung. Viele Leute vergessen oder wissen gar nicht, dass der Chef der Regierung auch gewählt wird, von der Mehrheit des Parlaments nämlich. Das ist der Bundeskanzler oder die Bundeskanzlerin, und das ist in Sachsen der Ministerpräsident. Der Ministerpräsident, also bei uns sechs Jahre lang Professor Milbradt, sucht sich passende Minister, die von ihrem Fach Ahnung haben und mit de-

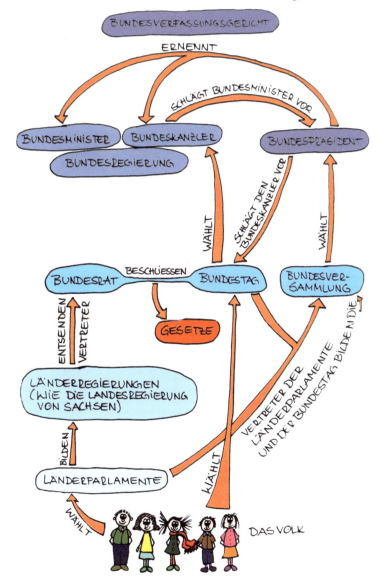

nen er gut zusammenarbeiten kann. Einen Außenminister braucht Sachsen nicht, das ist Sache der Bundesregierung in Berlin. Aber zum Beispiel einen Finanzminister, der über Ein- und Ausgaben des Staates wacht, einen Wirtschaftsminister, einen Innenminister, der zugleich Chef der Polizei ist, einen Umweltminister. So geht es weiter, für Kindergärten, Gesundheit, Familien und für Bedürftige allgemein gibt es einen Sozialminister oder eine Sozialministerin, für Wissenschaft, Hochschulen und Kultur ebenfalls, für die Gerichte und Staatsanwaltschaften einen Justizminister und für das gesamte Schulwesen einen Kultusminister. Jedes Ministerium hat dann wieder viele Mitarbeiter, meist Staatsbeamte, und denen sind dann wieder Behörden im ganzen Land nachgeordnet. Die Polizei zum Beispiel gehört zur Exekutive.

Den Justizminister haben wir gerade erwähnt. Er wacht über die dritte Gewalt im Staat, die Judikative. „Rechtsprechung", würden wir ins Deutsche übersetzen. Gemeinsam mit der Polizei wacht die Justiz über

die Einhaltung der Regeln, der Gesetze, die das Volk sich selbst gegeben hat. Staatsanwaltschaften leiten Verfahren ein, wenn sie Verstöße bemerken oder von der Polizei Kriminalfälle auf den Tisch bekommen. Die Gerichte entscheiden diese Fälle und über die Klagen, die die Bürger über ihre Rechtsanwälte selbst eingereicht haben.

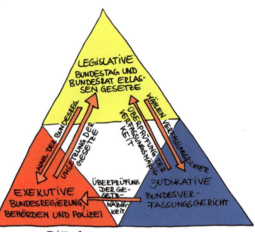

DIE GEWALTENTEILUNG

Ihr kennt vielleicht die römische Göttin Justitia, die in Plastiken mit einer Augenbinde, mit einer Waage in der einen und einem Schwert in der anderen Hand dargestellt wird. Am Landgericht in Dresden findet ihr eine solche Figur. Sie soll symbolisieren, dass Richter ohne Rücksicht auf den Stand der Person, nach gründlicher Abwägung, dann aber mit der nötigen Konsequenz urteilen. Das

Gericht hört Kläger und Beschuldigte an, sucht dazu Zeugen und Sachverständige, bevor es ein Urteil fällt. Es gibt zwar einen Justizminister, aber ganz wichtig ist, dass die Justiz als dritte Gewalt unabhängig bleibt und nicht unter dem Befehl mächtiger Leute steht. Sie urteilt nur auf der Basis der in der Legislative beschlossenen Gesetze. Die Gesetzblätter finden sich in endlos dicken Sammelbänden, in denen sich ein Jurist auskennen muss. Eigentlich muss sie sogar jeder Bürger kennen, zumindest in groben Zügen. Aber wir nehmen uns meist erst im Streitfall die Zeit, gründlicher zu lesen. So gesehen, hatten es Bürger im Mittelalter etwas leichter. Weil es nur handgeschriebene Bücher gab und viele gar nicht lesen oder schreiben konnten, rief ein Herold, also ein Bote, wie ein lebender Lautsprecher die Bestimmungen des Landesherrn aus.

Auch auf den Finanzminister kommen wir noch einmal zurück. Geld regiert die Welt, sagt das Sprichwort zwar, aber der Finanzminister regiert nicht als vierte Gewalt im Staat. Diese Rolle schreibt man eher den Medien zu, also Zeitungen, Rundfunk und Fernsehen, die Meinungen in der Bevölkerung sehr beeinflussen können. Aber Geld ist selbstverständlich unentbehrlich für den Staat. Wenn er schützen und vorsorgen und für Gerechtigkeit sorgen will und muss, dann kostet das auch etwas. Das für Kinder anschaulichste Beispiel ist die Schule selbst, ist das gesamte Bildungswesen. Der Bau von Schulen, deren Ausstattung, die Anstellung und Bezahlung von Lehrern gehören zu den wichtigsten Aufgaben des Staates. Auch das Hörsaalzentrum der TU Dresden ist mit Staatsgeld gebaut, das Hygiene-Museum renoviert worden. Straßen und Eisenbahnlinien müssen gebaut werden. Neben der Polizei sorgt auch die Bundeswehr für unsere Sicherheit. Wenn jemand unverschuldet arbeitslos oder arm wird, greift ihm auch der Staat unter die Arme. Gerade hier erwarten die Bürger viel Hilfe vom Staat. Rentner bekämen ohne einen staatlichen Zuschuss viel weniger Rente aus der Rentenversicherung. So geht es weiter. Unternehmer, die wichtige Betriebe gründen oder ansiedeln wollen, bekommen Fördermittel. Auch die Verwaltung und Planung von Städten und Regionen kosten etwas. Die Organisation des Staates und die damit beschäftigten Beamten auch.

Nun folgt bei klugen Lesern sogleich die Frage, woher dieses Geld kommen soll, das der Finanzminister und die Stadtkämmerer möglichst geschickt und gerecht verteilen dürfen. „Der Staat ist keine Kuh, die im Himmel gefüttert und auf Erden gemolken werden kann", sagt Professor Milbradt auf witzige Weise. Womit wird der Staat also gefüttert? Wir erinnern uns an manche Seufzer unserer Eltern über ihre Belastung mit Steuern. Kein Staat aber kommt umhin, sie zu erheben. Steuern sind sozusagen der Beitrag aller zur Finanzierung unseres Gemeinwesens. Sie werden erhoben auf die Löhne und Einkommen, von denen der Staat etwas einbehält, auf Grundbesitz, auf Hunde, auf Autos, auf Benzin, Tabak wie überhaupt auf alle Verbrauchsgüter. Das ist die Mehrwert- oder Umsatzsteuer.

Dabei soll es wiederum möglichst gerecht zugehen. Reiche und vermögende Leute müssen im Verhältnis mehr Steuern zahlen als Geringverdiener. Unternehmen müssen von ihren Gewinnen Steuern abführen. Wie groß dieser Anteil an Steuern ist, legen die Finanzämter nicht einfach nach Laune fest. Auch die Höhe von Steuern wird von den Parlamentariern in einem Gesetz festgelegt. Denn es geht in der Demokratie generell nicht willkürlich zu wie in einer Diktatur, wo ein Diktator oder eine kleine Gruppe über Millionen von Menschen bestimmt. Andere Staaten wie manche in Afrika sind leider so schwach und schlecht organisiert, dass man kaum von einem Staat sprechen kann. Insofern können wir froh sein, in einem Rechtsstaat wie der Bundesrepublik Deutschland und darin im Freistaat Sachsen zu leben. Trotzdem vergessen Bürger leicht, dass auch ein paar Euro von ihren Steuern in einem Meter Straße, dem Kindergarten oder in der Gehaltsüberweisung für den Polizisten Peter oder Paul stecken. Denn der Staat ist nicht irgendein machtsüchtiger Alien von einem fremden Stern. Der Staat – das sind wir alle.

Warum reisen wir in die Welt?

Prof. Dr. Walter Freyer, Tourismusforscher an der TU Dresden

„Wenn jemand eine Reise tut, / so kann er was erzählen; / drum nehm´ ich meinen Stock und Hut / und tät das Reisen wählen." Dieser Spruch des Dichters Matthias Claudius ist wohl zum bekanntesten Sprichwort über das Reisen geworden. „Reisen bildet", sagt man auch und verweist damit auf die anspruchsvollere Seite des Reisens. Was ist das nur für eine Veranlagung, die uns pünktlich zu Ferienbeginn auf die ohnehin schon verstopfte Autobahn oder an Meeresstrände treibt, die schon mit Menschenleibern gepflastert sind? Unsere Vorvorvorfahren waren Nomaden, also Menschen, die umherzogen, und etwas davon scheint in uns nach wie vor lebendig zu sein. Einerseits schätzen wir ein festes und gemütliches Zuhause, andererseits packt uns das

Fernweh. Wir mögen das Vertraute, und wir sind zugleich gierig nach Neuem – neugierig also.

Professor Walter Freyer befasst sich wissenschaftlich mit dem Tourismus, also mit allen Fragen und Erscheinungen rund um das Reisen. Im Begriff „Tourismus" steckt die „Tour", ein französisches Wort, das wiederum auf das lateinische Wort „turnus" zurückgeht. Das meint einen Zirkel, einen Kreislauf, und tatsächlich kehrt man ja nach einer Reise in der Regel wieder zum Ausgangspunkt zurück. Manchmal will man aber von dieser Heimat auch gar nicht weg in seiner freien Zeit, weil man sich zu Hause am besten ausruhen kann und die Vorzüge seiner Wohnung und seines Heimatortes schätzt. Professor Freyer erzählt von der Ferienplanung in seiner eigenen Familie. Da gibt es auch die unterschiedlichsten Vorstellungen. Die nahe Ostsee, das ferne Mallorca, eine Woche Oma-Besuch täte es auch, und eine Tochter möchte überhaupt nicht wegfahren. Der Professor selbst muss ebenfalls reisen, aber dienstlich zu einer Konferenz von Tourismusforschern in die USA. Damit sind schon die verschiedensten Motive angedeutet, die uns zu einer Reise bewegen. Weil man meistens in den Ferien oder im Urlaub reist, geht es vor allem um Erholung. Man will sich ausruhen können, ohne Zeitdruck faulenzen, Lesen, etwas Entspannendes tun, wozu man sonst nicht kommt. Ob man dafür allerdings 5000 Kilometer in ein Hotel fliegen muss, das genauso aussieht wie eines am Senftenberger See, muss man aber mal fragen dürfen. Ein zweiter Grund für das Reisen sind die Besuche bei Oma und Opa, bei Verwandten, die Kontakte zu Freunden, die man gern wieder sehen und

sprechen möchte. Dienstreisen verbinden manchmal das Angenehme mit dem Nützlichen, können aber auch sehr anstrengend sein. Schließlich reisen besonders neugierige Bürger tatsächlich, um sich zu bilden, wie das Sprichwort sagt. Dann steht nicht das Faulenzen im Vordergrund,

sondern der Besuch von Kulturdenkmälern, das Kennenlernen der Landschaft, der Kunst und der Gewohnheiten anderer Völker. Das sind Aktivitäten im Urlaub, und aktiv kann man auch beim Sport, beim Bergsteigen zum Beispiel, beim Austoben auf Vergnügungsparties oder beim Besuch von Attraktionen sein.

Die Statistik, also die Zusammenfassung vieler Daten und Zahlen, belegt die Vielfalt der Auffassungen, die Professor Freyer in seiner eigenen Familie erlebt hat. Tatsächlich bleiben 35 Prozent der Deutschen, das ist ein reichliches Drittel der Bevölkerung, im Urlaub zu Hause. Viele tun dies aber nicht nur, weil es so gemütlich ist, sondern weil eine Reise zu viel Geld kostet. Die anderen 65 Prozent der Deutschen reisen dagegen mindestens einmal im Jahr in die Ferne. Auch weltweit hat die Reiselust zugenommen. Die Welttourismusorganisation zählte im Jahr 2000 noch 664 Millionen internationale Reisen und sagt für das Jahr 2020 einen Anstieg auf 1,6 Milliarden voraus.

Wenn die Deutschen reisen, wohin reisen sie dann am liebsten? Hier werden wahrscheinlich viele mit einer Antwort so danebenliegen wie die jungen Hörer der Dresdner Kinder-Universität. Deutschland selbst ist nämlich das beliebteste Reiseland! Hier ziehen wiederum die Berge und die Küste die Besucher besonders an. Sachsen liegt in der Beliebtheit der deutschen Bundesländer dabei im Mittelfeld. Mit weitem Abstand folgt Spanien als das Urlaubsland Nummer zwei, danach kommen Italien und Österreich. Nur wenige Deutsche reisen zu einem Ferienaufenthalt in die USA, die Vereinigten Staaten von Amerika. Ihr bemerkt, dass die bevorzugten Reiseländer relativ nah in Europa liegen. Nur fünf bis sieben Prozent fliegen richtig weit in ferne Erdteile.

Daran war vor ein paar Jahrhunderten überhaupt noch nicht zu denken. Wenn jemand unter großen Gefahren eine Weltreise wagte, wurde er auch gleich berühmt wie James Cook oder Marco Polo. Sie hatten immerhin Segelschiffe. Die Apostel der Bibel aber gingen vor zweitausend Jahren noch zu Fuß, und bis in das 19. Jahrhundert hinein blieb nur die Pferdekutsche. Dann traten die Eisenbahn und das Dampfschiff ihren Siegeszug an. Vor ungefähr hundert

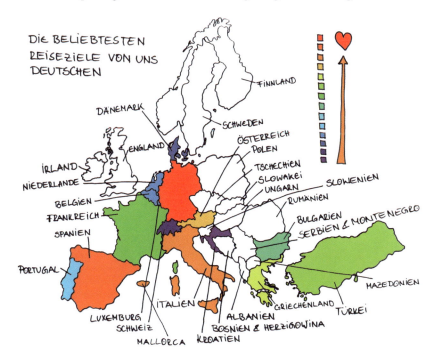

Jahren tauchten die ersten einfachen Autobusse auf, und schließlich kam im 20. Jahrhundert das Flugzeug als Verkehrsmittel hinzu.

Etwa um diese Zeit entdeckten die ersten Reiseveranstalter, dass man mit dem Fernweh der Leute auch Geschäfte machen kann. Um 1930 war ein Reisebüro noch etwas Besonderes. Seine Kunden auch, denn es handelte sich um wohlhabende Bürger, die sich diesen Service leisten konnten. Man reiste ganz überwiegend mit der Bahn. Die Züge boten auch schon viel Komfort bis hin zu Schlafwagen. Reiselektüre, Proviant und Unterhaltung durften nicht fehlen, und auf den Bahnsteigen warteten schon die Gepäckträger.

Noch gab es keinen Massentourismus, von dem wir heute oft sprechen. Die Seebäder, deren weiße Bauten uns überall an der Ostsee heute noch anstrahlen, waren auch nur etwas für die feinere Gesellschaft. Für die Mehrheit der Bevölkerung und erst recht für die Arbeiterschaft waren Urlaubsreisen noch fast ein Fremdwort. Die Nationalsozialisten versuchten in der Hitlerzeit, unter staatlicher Kontrolle einen Massentourismus für jedermann zu organisieren. Noch heute kann man zum Beispiel in Prora auf Rügen die Ruinen der riesigen, ungefähr drei Kilometer langen Urlaubersilos der „Kraft durch Freude"-Bewegung sehen. Nach 1949 baute der Freie Deutsche Gewerkschaftsbund in der DDR ein flächendeckendes Netz von preiswerten Heimen und Erholungssiedlungen auf. Die Einheitsgewerkschaft arbeitete wie ein riesiges staatliches Reisebüro für Werktätige in den Betrieben. Mit guten Beziehungen und etwas Glück konnte man sogar für ganz wenig Geld einen Platz in einem Nobelhotel ergattern.

Der Tourismus, wie wir ihn heute kennen, nahm in der westdeutschen Bundesrepublik nach dem zweiten Weltkrieg seinen Aufschwung. Das Wirtschaftswunder machte es möglich. Die Löhne und Gehälter stiegen, und Ende der fünfziger Jahre des vorigen Jahrhunderts hatte jeder Bundesbürger im Durchschnitt drei Wochen Urlaub. Die traditionellen Bade- und Erholungsorte öffneten sich für alle – statt Klasse kam es nun auf Masse an. Immer mehr Reiseveranstalter kamen auf, die neben den pauschalen Einheitsangeboten zunehmend persönliche, individuelle Reisen entwickelten. Die stolzen neuen Urlauber waren dankbar dafür, dass sie so an die Hand genommen wurden und sich um nichts kümmern mussten. Und sie waren stolz auf ihre neuen Urlaubsausrüstungen. Voran der Fotoapparat, übertroffen nur noch vom Auto, das sich immer mehr Familien leisten konnten. Mobilität bestimmte den Urlaub. Man war möglichst viel im Wortsinne auf Achse, um fremde Welten zu entdecken.

Diese Romantik der Ferne konnte man sich kaufen wie die ersten Fernseher im Laden. Urlaub wurde zu einem Konsumartikel. Das Portemonnaie machte den Deutschen zum „König Urlauber".

Diese Entwicklung hält bis heute an. Vieles ist perfekter geworden und bis in die neunziger Jahre des vorigen Jahrhunderts hinein hat sich die Dauer des Jahresurlaubs verlängert. Wir können inzwischen sogar von einer Urlaubs- und Reiseindustrie sprechen, in der richtige Ferienmacher vom „Unternehmen Urlaub" arbeiten. Man kann selbstverständlich weiterhin mit einem eigenen Konzept reisen und ohne den „Fertigurlaub" eines Reiseveranstalters auskommen. Aber viele sind dazu zu bequem. Sie nutzen lieber die fünf Helfer, die Professor Freyer aufgezählt hat, für den perfekten Urlaub: Da ist zunächst das Reisebüro. Hier bekommt man eine persönliche Beratung und Informationen über sein Urlaubsziel, auch wenn das noch so weit weg auf einer Südseeinsel oder auf einer Eisscholle in der Arktis liegen sollte. Hat man sich entschieden, werden hier auch gleich Reise und Transport gebucht.

Beides kann auch in einer Pauschalreise zusammengefasst sein, wie sie die großen und kleinen Reiseveranstalter anbieten. Man zahlt für alles

nur einmal, muss sich dann aber auch ein bisschen ans Programm halten. Inbegriffen sind Transport, Übernachtung, Verpflegung und Reiseleiter bei Besichtigungen. Zwei Drittel aller Pauschalreisen werden bei den fünf großen deutschen Reiseveranstaltern gebucht. Der größte von ihnen ist die TUI AG, gefolgt von Thomas Cook, den früheren Neckermann Reisen.

Um an das Ziel zu gelangen, braucht man ein Verkehrsmittel – falls man eben nicht wie die heutigen Pilger auf dem Jakobsweg wieder zu Fuß geht. Etwas mehr als die Hälfte der Deutschen reist nach wie vor mit dem eigenen Auto, auch wenn die Tendenz leicht nach unten zeigt. Dafür reisen immer mehr Leute mit dem Flugzeug, nämlich 30–40 Prozent. Ungefähr jeder Zehnte bevorzugt einen Reisebus. Noch etwas geringer als zehn Prozent ist der Anteil der ehemals dominierenden Eisenbahn geworden. Alle diese Verkehrsmittel verbrauchen aber Energie, und die wird immer knapper und teurer. Es ist deshalb eine spannende Frage, ob die Menschen in einigen Jahren auch noch so oft und so weit reisen können und werden. Immer beliebter wird auf jeden Fall der gesunde und umweltfreundliche Urlaub mit dem Fahrrad – und nicht nur bei Kindern, die noch kein Motorrad oder Auto fahren dürfen.

Ist man angekommen, ob mit dem Düsenjet oder dem Fahrrad, braucht man ein Quartier. Das Gastgewerbe, die Beherbergungsbetriebe und Gaststätten sind ein wichtiger Wirtschaftszweig. Eine Unterkunft kann nun so verschieden ausfallen wie der Geldbeutel und die Vorlieben der Touristen. Sie beginnt beim Zelt auf dem Campingplatz, reicht über Jugendherbergen, Zimmer und Pensionen bis zum Fünf-Sterne-Hotel. Je mehr Sterne einem Hotel zugesprochen werden, desto komfortabler und teurer ist es. Wer unbedingt Musik auf dem Klo oder einen Lift ins Bett braucht, muss halt bezahlen. In Dresden gibt es für anspruchsvolle Touristen mehrere Fünf-Sterne-Hotels, zum Beispiel das Westin-Bellevue, das Kempinski-Taschenbergpalais oder die neuen Hotels an der Frauenkirche. Tourismusforscher untersuchen die Zukunft der Hotels und dürfen dabei auch ein bisschen spinnen. Sie denken sich zum Beispiel ein „Space Hotel" aus, also ein Hotel in einer Weltraumstation. Aber das müsste dann mindestens zehn Sterne haben.

Wichtig ist schließlich auch noch die Qualität des Aufenthaltsortes, der Destination, wie die Fachleute sagen. Auch hier ist die Bandbreite riesig und reicht vom einsamen Strand bis zu Menschenknäueln auf Mallorca oder auf Skipisten. Auf einige wichtige Gesichtspunkte achtet man in jedem Fall. Natur und Landschaft gehören dazu, das Klima, die von den Menschen des Gastlandes entwickel-

te Kultur, ihre Gastfreundschaft, auch Attraktionen, die es nur an diesem Ort gibt. Aber natürlich wissen wir, dass die Sonne nicht immer so herrlich untergeht, wie es die Fotos in den Werbeprospekten zeigen.

Ein neuer Helfer der Tourismuswirtschaft wird immer wichtiger. Es ist das Internet, über das man immer genauer ein Wunschziel suchen und sich informieren kann. Kinder finden zum Beispiel unter www.manolitoswelt.de die lustige rosa gepunktete Giraffe Manolito, die ihnen fast jeden Reisewunsch erfüllt. Tatsächlich könnt ihr dort neben Spielen und Urlaubsgeschichten eine Urlaubs-Wunschmaschine aufrufen. Ihr gebt eure Vorstellungen vom Ferienort ein, und Manolito sucht euch ein passendes Hotel. Jetzt müssen die Eltern nur noch buchen und bezahlen …

So viel Spaß es macht zu reisen und so viel wir wirklich dabei lernen können, so kritisch muss man auch die Auswirkungen dieser Reisesucht betrachten. Klar ist, dass man zum Reisen ein Transportmittel, ein Fahr- oder Flugzeug braucht. Das wiederum fährt oder fliegt nicht mit ein paar aufmunternden Worten und etwas

Heu und etwas Wasser wie ein Pferd. Autos und besonders Flugzeuge brauchen richtig Energie, also Treibstoff. Können Flugreisen immer billiger werden, wenn zugleich Erdöl immer knapper und Benzin immer teurer wird?

Was passiert in den Ländern, in die immer mehr Menschen reisen? Jedes dritte Entwicklungsland, also die ärmsten Länder der Welt, lebt inzwischen vom Tourismus. Im Jahr 2007 flogen fünfeinhalb Millionen Deutsche in Entwicklungsländer, das waren zweieinhalb mal so viel wie 15 Jahre zuvor. Bekannte Ziele reichen oft nicht, man will in immer fernere, unbekannte und abenteuerliche Gegenden fahren. Solche Länder nehmen es mit dem Schutz der Umwelt oft noch nicht so genau. Der Müll, den die Touristen produzieren, landet wild auf Kippen, in Flüssen oder im Meer. Unberührte Landschaften werden zerstört, auch solche unter Wasser wie etwa Korallenriffe. Die gewachsene traditionelle Kultur der Gastländer wird immer mehr ersetzt durch die, die die Touristen aus ihrer Heimat gewohnt sind. McDonalds-Buden sehen nun einmal überall auf der Welt gleich aus. Originalität geht verloren. Das Geschäft mit den Touristen machen meist nur wenige, die Gewinne kommen nicht allen im Land zugute.

Also müssen wir uns fragen, ob wir auch in Zukunft immer weiter mit hohem Energieaufwand reisen wollen und was wir den Gastländern dabei zumuten. Die Schlagworte, wie man das auch anders machen kann, sind längst erfunden: nachhaltiger oder sanfter Tourismus. Der schont die Natur in den Entwicklungsländern, respektiert die Lebensweisen der Völker und setzt auf geringen Energieverbrauch. Auch in Deutschland gibt es Gebiete, die möglichst naturnah erhalten werden sollen und in denen man nicht zu viel und nicht zu wenig Leute haben will, zum Beispiel im entstehenden Lausitzer Seenland der ehemaligen Braunkohlentagebaue. Leider ist nur ein Teil der deutschen Urlauber an solch nachhaltigen Tourismusangeboten interessiert. Und einen zumindest teilweisen Verzicht auf weite Reisen kann man von den Bürgern kaum verlangen. Kinder wollen und sollen schließlich auch die weite Welt entdecken. Aber um eine Überprüfung unserer Reisegewohnheiten kommen wir nicht herum. Wir müssen um- und nachdenken, wenn wir in zehn oder zwanzig Jahren immer noch so mobil sein wollen wie heute.

Warum ist die Seele unser coolster Körperteil?

Prof. Dr. Dietrich Grönemeyer, Radiologe und Mikrotherapeut

Gemeinsam mit den Studenten der Dresdner Kinder-Universität hat sich Professor Grönemeyer auf die Suche begeben. Genau genommen hat er dazu jemanden auf eine Reise durch den Körper geschickt, den er gut kennt, weil er ihn selbst erfunden hat. Nanolino heißt im Buch der kleine Medicus, der gern Arzt werden möchte wie Professor Grönemeyer. In der Geschichte gibt es einen Dr. X und dessen Assistentin Micro Minitec. Die hat eine verrückte Microtisierungsmaschine gebaut, mit deren Hilfe man auch Nanolino bis auf das Format eines Staubkorns verkleinern kann. So startet Nanolino, der erste „Korponaut", mit einem Mini-Micro-Nano-U-Boot von der Mundhöhle aus seine Entdeckungsfahrt durch den menschlichen Körper.

Was ist die Seele? Und wo finden wir sie? Seit Tausenden von Jahren versuchen Menschen zu beschreiben, was sie eigentlich nicht beschreiben können. Da ist etwas Geistiges, das zu unserem Körper gehört, aber nicht körperlich ist. Es macht unser Wesen, unser Wollen und Fühlen aus. Die Seele ist ewig und überlebt unseren Körper, sagen religiöse Menschen. Sie kann sogar in einem anderen, neuen Körper wiederkehren. Andere Philosophen leugnen wiederum ihre Existenz. Was sie aber nicht hindert, einen besonders gütigen Menschen sprichwörtlich „eine Seele von Mensch" zu nennen. Sie bilden „ein Herz und eine Seele", sagen wir, wenn sich zwei Freunde oder ein Liebespaar besonders gut verstehen.

Professor Grönemeyer kennt sich in diesem Körper noch etwas besser aus als andere Ärzte. Denn er ist Radiologe. Das ist nicht etwa ein Radio-Wissenschaftler, der kranke Radios reparieren kann. Ein Radiologe schaut vielmehr in den Körper hinein, und zwar ohne mit dem berüchtigten Skalpell den Bauch aufzuschneiden. Er tut das mit Hilfe von Strahlen oder anderen Tricks aus der Physik. Zum Beispiel mit Hilfe der Magnet-Resonanz-Tomografie MRT, mit der

Bahnen verzweigen sich immer weiter und werden zu ganz dünnen Kapillaren, durch die Nanolinos U-Boot kaum noch passt. Diese Struktur kann man mit einem Baum vergleichen, dessen Stamm sich auch in immer kleinere Äste verzweigt. Ein

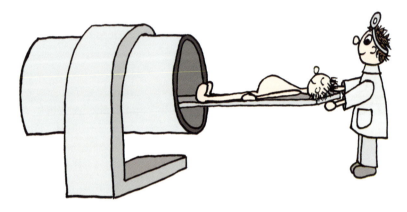

man elektronische Schnitte durch den Körper legen kann. Man sieht dann auf dem Bildschirm ein Skelett oder andere Körperteile. Solche Schnitte lassen sich im Computer wieder zu ganzen Körpern zusammensetzen.

Alle möglichen Bahnen und Kanäle gibt es in unserem Körper. Das wichtigste „Kanalsystem" ist unser Blutkreislauf. Die Blutbahnen sehen manchmal aus wie Lianen im Dschungel. Aber eigentlich folgen sie stets dem gleichen Prinzip: Dicke

Bild von der Niere sieht zum Beispiel aus wie ein solcher Baum.

Die Niere ist zwar nicht die Seele, aber so etwas wie die Kläranlage für das Blut. In einer Stunde werden hier bei einem Erwachsenen ungefähr 180 Liter Blut gefiltert und gereinigt. Der Abfall, die Schlacke, die hängen bleibt, landet über den Urin im Toilettenbecken oder an einem verschwiegenen Baum.

Gut unterscheiden kann man schon an der Färbung des durchfließenden

Blutes die Arterien und die Venen. Durch die Arterien wird sauerstoffreiches helles Blut von der Lunge gepumpt, durch die Venen fließt das verbrauchte kohlendioxidreiche Blut zurück.

Das hat aber nichts mit zwei seltsamen Gebilden im Blut zu tun, die Nanolino gleich in Millionen-Anzahl entdeckt hat. Der eine Typ sieht einem Bonbon oder eine Muschel-Nudel ähnlich und transportiert den Sauerstoff durch die endlosen Blutbahnen. Es sind die roten Blutkörperchen, von denen Sportler gern besonders viel haben, weil sie dann mehr leisten können. Die anderen sind so etwas wie die Gesundheitspolizei des Körpers. Weiße Blutkörperchen verteidigen uns gegen die Angriffe der kleinen und heimtückischen Viren und Bakterien. Das Fieber, also die erhöhte Körpertemperatur, aktiviert sie zusätzlich. Der Körper will sich also mit Fieber selbst helfen. Manchmal schafft er es auch nicht. Dann muss der Arzt ein Antibiotikum verschreiben, das die Armee der weißen Blutkörperchen verstärkt. Drei Tage nach Abklingen des Fiebers dürft ihr dann wieder in die Schule. Über den Blutkreislauf und die Bestandteile des Blutes findet ihr

auch im zweiten Buch zur Dresdner Kinder-Universität viel Interessantes.

Bevor ein Medikament, ein Antibiotikum, sozusagen als schweres Geschütz eingesetzt wird, kann man sich aber mit vielen Hausmittelchen helfen. Die Omas kannten sie noch, und die Mamas und die Papas von heute entdecken sie wieder. Bei einer Mandelentzündung helfen Gurgeln, Salbei-Tee, Zitrone oder eine kühlende Portion Eis. Gegen Bauchschmerzen hilft auch ein Anti-Pups-Tee aus Kümmelkörnern, Fenchel oder Anis. Wenig ausrichten kann er aber gegen Bauchschmerzen, die Kinder vor einer Prüfung oder einer schweren Klassenarbeit bekommen. Das hat eher mit der Seele zu tun. Erst nach überstandener Angst „hat die liebe Seele Ruh", wie eine Redensart sagt. Und wenn zu den Bauchschmerzen noch flotter Durchfall hinzukommt und nicht aufhören will, muss man doch den Arzt aufsuchen.

Blutgefäße können nicht nur dann verletzt werden, wenn wir uns mit dem Taschenmesser schneiden oder äußerlich verletzen. Frido, Nanolinos Freund und ein großer Fußballer, ist eines Tages zum Beispiel mit dem Fuß umgeknickt. Der wurde daraufhin blau und dick. Im Inneren des Fußes platzten nämlich Adern, und das Blut lief in das Gewebe hinein. Solch ein Bluterguss tut weh. Auch hier helfen zunächst Hausmittel. Den verstauchten Fuß lagert man am besten hoch, höher als das Herz jedenfalls. Eine heiße Dusche oder ein warmer Umschlag wie beim Bauchweh wären hier ganz falsch. Kühlen heißt die Devise, also Eisbeutel. Und Heilerde wie bei den Naturvölkern lindert ebenfalls. Lässt der Schmerz nicht nach, muss auch hier der Arzt schauen, ob womöglich der Fuß gebrochen oder angebrochen ist. Das tut der Radiologe mit Hilfe von Röntgenstrahlen, die ein Schwarzweißfoto der Knochen erzeugen. Das können ebenso gut Knochen der Hand oder des übrigen Skeletts sein. Die Hand und hier besonders die Fingerspitzen sind wichtig, um zu fühlen. Die Hand ist nicht die Seele, aber man kann mit ihr ganz beseelt Klavier spielen oder jemanden strei-

cheln. In den Fingerspitzen sind Nervenzellen besonders dicht konzentriert. Ihr wisst, die Nerven bilden sozusagen das Signalsystem unseres Körpers. Auch sie werden von zarten Blutgefäßen versorgt. Mit den Nerven fühlen, spielen, denken wir oder empfinden unbewusste Dinge wie Angst. Sie haben also viel mit der Seele zu tun. Das gilt auch für eine schon 4000 Jahre alte chinesische Methode der Schmerzbehandlung, die Akupunktur. Nein, mit dem Akku, dem Akkumulator im Auto oder im Laptop hat das gar nichts zu tun. Durch Einstechen feiner Nadeln an bestimmte Punkte des Körpers kann vielmehr eine heilende Wirkung erzielt werden.

Nanolino hat auf seiner Fahrt durch den Körper gemeinsam mit dem Kaninchen Rappel noch viele Abenteuer erlebt. Er landete im Salzsäuresee der Magenhöhle und er verfolgte den Bösewicht Gobbot. Aber das könnt ihr alles im Buch „Der kleine Medicus" von Professor Grönemeyer nachlesen. Die Seele vielleicht in Form eines von einem Liebespfeil durchbohrten Herzens oder einer Tränendrüse hat er nicht gefunden. Denn die Seele ist überall in uns.

Warum fühlen wir uns in einem schönen Haus wohl?

Prof. Dr.-Ing. h.c. Peter Kulka, Architekt

„Hauptsache, ein Dach über dem Kopf", sagen wir manchmal, wenn wir in einen Platzregen geraten sind und uns irgendwo unterstellen wollen. Eine Bushaltestelle kann in der Verlegenheit wie ein Palast erscheinen. Dann sind wir den Tieren ein bisschen ähnlich, die auch keine Ansprüche an ihren Unterschlupf stellen. Möchten wir so aber auch wohnen? Fühlen wir uns auf Dauer unter einem Felsvorsprung wohl? Nun sind Nester oder Bienenwaben oder ein Ameisenbau gewiss auch Kunstwerke der Natur. Wir Menschen aber haben unsere Unterkünfte nach und nach immer anspruchsvoller gestaltet. Aus der Behausung wurde das Haus. Das heißt aber nicht, dass uns alles, was wir gebaut haben, auch gefallen muss. Warum wir Gebäude schön finden, uns in manchen wohlfühlen und bei anderen froh sind, wenn wir wieder draußen sind, wollen wir einmal überlegen.

„Das Haus ist wie eine Art dritte Haut des Menschen entstanden", sagt der Architekt Professor Peter Kulka. Die erste Haut, klar, ist die, die man nicht in der Waschmaschine waschen kann und die zur Gänsehaut wird, wenn wir zu lange im Platzregen gefroren haben. Die zweite Haut, ebenso klar, ist die schützende Kleidung. Auch die „dritte Haut" schützt uns, vor Wetter, vor Lärm, vor anderen, vor Feinden. Wie die anderen beiden Häute sollte aber auch das Haus atmen können und uns Freiheit lassen. Architekten stellen solche Überlegungen an. Ein Architekt ist jemand, der Gebäude entwirft. Solche, in denen wir wohnen oder arbeiten oder feiern. Er muss deshalb ganz besonders den feinen Empfindungen der Menschen, ihren Sinneswahrnehmungen nachspüren, damit sie sich in den geplanten Häusern auch wohl-

27

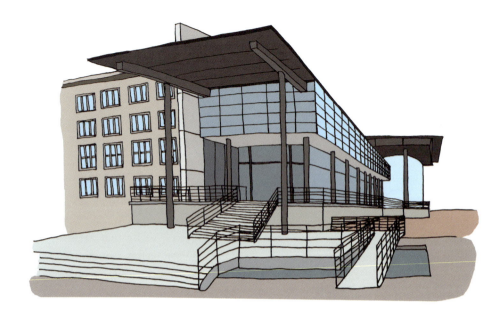

fühlen. Peter Kulka hat das schon oft geschafft und hat deshalb Aufträge für sehr bekannte Gebäude bekommen. Für den neuen Landtag am Dresdner Elbufer beispielsweise und für den Umbau des Hygiene-Museums, in dem ein Teil der Vorlesungen zur Kinder-Universität stattfindet.

Angefangen aber hat es in der Menschheitsgeschichte nicht gerade mit solch tollen Gebäuden. Unsere Urururahnen und Vorvorvorfahren machten es nicht viel anders als der Fuchs in seinem Bau oder der Bär in seiner Höhle. Sie zogen sich in Schutzräume zurück, die die Natur ihnen bot. Wohlfühlen aber wollten sie sich auch schon. Sie verschönerten ihre Zuflucht mit Zeichnungen, die sie in die Felswände ritzten. Noch heute staunen wir über solche Entdeckungen, die viel über das Leben und die Träume der frühen Menschen aussagen. Auch später, als es längst Zelte und Hütten und feste Häuser gab, wohnten Menschen manchmal freiwillig in Höhlen. Die hatten sie aber selbst in den Stein gehauen, und so entstanden richtige Felsenstädte wie Petra in Jordanien. Da fehlte es an nichts, weder an einer Wasserleitung noch an wunderschönen Felspalästen.

Wer sich eine Felsenhöhle schuf oder gar ein festes Haus baute, hatte allerdings schon einen wichtigen Schritt vollzogen: Er hatte einen festen Ort gewählt und war sesshaft geworden. Dass die Art und Weise, wie er das

Ganz zu schweigen von den mobilen Wohnzimmern mit Kronleuchter, Sofa und Fernseher, mit denen man auf Campingplätzen angeben kann.

Auch diese Luxuscamper tun im Grunde nichts anderes als ihre Vorfahren. Denn die Zelte, die ersten mobilen Häuser, wenn man so will, blieben nicht bei einigen grob zusammengenähten Tierhäuten stehen. Zu allen Zeiten wollten es Menschen in ihrer Behausung gemütlich haben, wollten sie sich an ihrem Anblick erfreuen. Also benutzten sie feinere Materialien und begannen, die Zelte auszuschmücken. Gingen Herrscher auf Reisen oder zogen in den Krieg, wohnten sie noch bis in das 19. Jahrhundert hinein in Zelten. Die mussten selbstverständlich ihrem Rang angemessen sein und waren deshalb ein bisschen prächtiger ausgestattet als unser kleines Iglu-Zelt für den Fahrrad-Gepäckträger. Prunkzelte nannte man sie, und der Sultan von Konstantinopel schenkte beispielsweise dem sächsischen Kurfürsten August, genannt „der Starke", ein solch kostbares Zelt. Prunkzelte waren nicht nur geräumig, man konnte mit ihnen vor allem mit seinem Besitz angeben, repräsentieren. Auch in

Haus baute, viel mit diesem Ort zu tun hatte, werden wir noch sehen. So hat aber die Geschichte des Hauses nicht begonnen. Denn die frühen Menschen waren Nomaden, also gerade nicht sesshaft. Sie zogen umher und waren ständig auf der Suche nach Nahrung für sich und das Vieh und besseren Existenzmöglichkeiten – sie waren also so mobil, wie man es heute von vielen Erwachsenen im Berufsleben wieder verlangt. Da wäre niemand auf die Idee gekommen, einen festen Palast zu errichten. Die Vorläufer unserer Häuser waren also die Zelte, die man von einem Platz zum anderen mitnehmen konnte. Man sieht, dass wir Menschen uns eigentlich seit Jahrtausenden ähnlich geblieben sind. Denn mit dem Camping haben wir das Nomadendasein und das Zelten zumindest im Urlaub wieder entdeckt. Und heute wie damals möchten wir es auch im kleinsten Bergzelt noch gemütlich haben.

dieser Hinsicht haben sich die Menschen mit ihren Campingpalästen und meterlangen Wohnmobilen nicht verändert.

Apropos Iglu-Zelt: Die Schneehütten der Eskimos, die unserem häufigsten Camping-Zelttyp den Namen gaben, sind den Zelten aus Häuten oder Stoffen vergleichbar. Als Winterhäuser lösten sie die Zelte der wärmeren Jahreszeit ab. Schauen wir uns auf der Welt um, entdecken wir eine Vielfalt von Zeltformen. Die runde Jurte der Mongolen beispielsweise konnte sogar mit Türen versehen sein. Das Tipi der Indianer erlebt auch bei uns eine Wiederauferstehung auf Spiel- und Campingplätzen.

Was haben alle diese beweglichen Behausungen, die sich aus den Frühzeiten der Menschheit bis heute erhalten haben, gemeinsam? Sie sind nützlich, ja manchmal sogar raffiniert konstruiert. In einem Tipi beispielsweise herrschen durch die Rauchabzugsklappe an der Spitze solche Luftverhältnisse, dass man darin getrost bei einem offenen Feuer in der Mitte schlafen kann. Und der Schnee eines Iglus, man glaubt es kaum, wirkt wie ein Wärmeisolator. Bis zu 50 Grad kann die Differenz

zwischen der Außentemperatur im grimmigen Eis und der Iglu-Stube betragen.

Hier verbindet sich Nützlichkeit mit dem Angenehmen, der Gemütlichkeit, der Schönheit. Drinnen soll es stets warm und heimlich sein, man will sich wohlfühlen. Dazu trägt auch die Gemeinschaft bei, denn in

allen diesen Zeltformen lebt man selten allein. Wir verkriechen uns gern, und die Kleinkinder erinnern uns bis heute daran, wenn sie im Kinderzimmer aus Stühlen, Decken und Kissen eine Bude bauen. Das muss man auch selbst tun, fertige Kinderzelte zu kaufen macht wenig Spaß. Wir merken also schon am einfachen Zelt, wann wir uns wohlfühlen: Nützlichkeit, also die Funktion, sollte sich mit dem Angenehmen verbinden, dann empfinden wir Harmonie und Schönheit.

In der Geschichte der Menschheit war es nun ein ganz wichtiger Schritt, dass sich umherziehende Sippen und Stämme niederließen, also feste Wohnorte wählten. So konnten sie mit Ackerbau und Viehzucht beginnen und solide Behausungen bauen. Der Schritt vom Zelt zum Haus führt über die Hütte. Sie ist sozusagen das Ur-Haus und besitzt schon alle wesentlichen Elemente eines Hauses: Wände, ein Dach, mindestens ein Raum, eine Tür. An die ersten Hütten erinnern uns vor allem solche, die wir in Afrika oder Asien noch finden. Bambusstangen bilden das Gerüst, auf das ein Dach aus Schilf gesetzt ist. Sogar treppenähnliche Aufgänge und eine Art Plattform-Etage lassen das künftige Haus ahnen.

Ausgestorben ist auch die Hütte bis heute nicht. Ihr denkt vermutlich gleich an die Berghütten oder an Sennhütten auf den Almen in den Alpen. Ziemlich verrückte Formen hat sie getrieben auf dem Weg zum heutigen Wolkenkratzer oder dem Einfamilienhaus. Schon vor rund tausend Jahren wurden beispielsweise am Bodensee Hütten auf Pfähle

gesetzt, um sich vor dem Hochwasser zu schützen. Solche Pfahlbauten hat man wieder rekonstruiert. Baumhäuser muss man nicht rekonstruieren. Sie sind gerade bei Kindern heute sehr beliebt. Das Haus ist mit einem Gewächs – dem Baum – eng verwoben und wächst sozusagen mit. Wer hinaufgekrochen ist, fühlt sich ein bisschen wie ein alter Blechritter auf seinem Burgturm. Man ist geschützt und hat einen weiten Überblick. Keine Frage, dass wir Baumhäuser, und seien sie noch so schief zusammengezimmert, als schön empfinden.

Die ersten Häuslebauer, das dürfen wir nicht vergessen, waren noch kei-

ne Bankangestellten, sondern deftige Bauern. Über viele Jahrtausende, eigentlich noch bis vor etwa 200 Jahren, war die Sicherung der Ernährung die wichtigste Tätigkeit des Menschen. Entsprechend groß war der Anteil der Bauern an der Bevölkerung. Und entsprechend sahen auch die Häuser aus. Das Niedersächsische Bauernhaus ist solch ein typisches Haus, ein Vorbild, ein sogenannter Prototyp für viele Bauernhäuser. Ein großes Tor ermöglicht die Einfahrt von Wagen, die mit Heu oder Ackerfrüchten beladen sind. Scheune, Stall und Wohnhaus bilden

eine Einheit in dem Fachwerkbau, der mit Reet, dem norddeutschen

Dachstroh, gedeckt ist. An die Scheune mit der großen Einfahrt schließt sich das niedrige Wohngebäude an. Das hohe Spitzdach beginnt schon knapp über den Fenstern des Erdgeschosses. Warum freuen sich Kinder ganz spontan über ein solches Bauernhaus? „Weil es alt aussieht", sagen einige, andere spricht das Naturmaterial an. Sie haben auf ihre Weise Recht. Auch hier verbindet sich das Nützliche mit dem Schönen auf eine organische Weise.

In der Oberlausitz und auf der tschechischen, nordböhmischen Seite finden wir einen interessanten, jüngeren Haustyp, der auch aus Nützlichkeits-

erwägungen heraus entstanden ist. Das Umgebindehaus kombiniert das alte Blockhaus mit seinen waagerechten Balken mit einem Fachwerkhaus. Über die Blockstube ist mit den typischen Säulen und Bögen eine Leichtbau-Konstruktion aus Holz gesetzt, auf der die obere Etage ruht. In vielen Blockstuben standen mit Beginn des 19. Jahrhunderts ratternde Webstühle, an denen mit harter Arbeit die Bewohner ihr Geld verdienten. Die Schwingungen dieser Webstühle übertrugen sich durch die Konstruktion nicht so stark auf das übrige Haus.

Holz war in der gebirgigen Gegend ein reichlich vorhandener Baustoff. Klar, dass man zum Bauen auch ein Baumaterial braucht. Welches bevorzugt gewählt wurde, hängt wiederum von der Gegend ab, in der ein Haus errichtet wurde. Ein besonders anschauliches Beispiel liefert eine ganze Stadt aus Lehm im orientalischen Jemen. Unsere europäischen Mauerziegel werden ja auch aus besonderen Erden, aus Ton oder Lehm hergestellt. Damit sie nicht bei Nässe einfach zerfließen, werden sie gebrannt. Das ist im sehr trockenen arabischen Raum nicht einmal nötig. Man sieht, wie Bau und Landschaft zusammenhängen.

Ein Haus stand selten allein als ein einzelnes Gehöft, sondern war und ist Teil einer Dorfgemeinschaft. Aus den Dörfern wuchsen wiederum Städte, also eine immer unüberschaubarere Ansammlung von Häusern. Das brachte viele Probleme mit sich, an die wir heute noch manchmal erinnert werden, wenn ein Wasserrohr repariert werden muss oder der Müll einfach nicht abgeholt wird. Denn wie jedes einzelne Haus muss auch die Stadt versorgt und müssen unsere Abfälle und das Abwasser entsorgt werden.

Die Burgen im Mittelalter waren die Vorläufer unserer Städte. Es hat darüber auch schon eine tolle Vorlesung an der Dresdner Kinder-Universität gegeben. Auf engstem Raum war hier alles konzentriert, Das Wohngebäude, auch Pallas genannt, Ställe für die Tiere, Vorratshäuser, Mauern, Wehrgänge und Türme zur Verteidigung. Burgen wurden meistens auf Hügeln oder Felsen errichtet, die schwer zu erstürmen waren. Das gilt nicht für die Städte, aber von Mauern wurden auch sie gegen Angreifer geschützt, bis Schießpulver und Kanonen diese Mauern immer wertloser machten. Diese Mauern engten die Stadtbewohner zugleich ein, die Stadt konnte nicht wachsen. Es galt also, eng zu bauen. Ein gutes Haus war damals ein schmales Haus. Und eine Stadt – das gilt bis heute – war und ist so schön wie ihre Häuser, wobei der Dom oder die Kirchen und das Rathaus stets etwas Besonderes darstellten.

Eine der frühen Musterstädte, die

Professor Kulka zugleich für eine der schönsten der Welt hält, ist das italienische Siena in der Toskana. Piazza del Campo heißt der herrliche zentrale Platz, auf dem jährlich ein berühmtes und recht gefährliches Pferderennen ausgetragen wird. Die Villa Palladio kann als das Urbild aller Villen und Schlösser gelten.

Hier haben wir den anderen Zweig einer Entwicklung, die von den Burgen ausging. Denn die Wohnformen der Menschen, ob arm oder reich, verändern sich ständig. Als die kriegerische Befestigung einer Burg immer sinnloser wurde, traten kunstvolle Schlösser an ihre Stelle. Gebaut wurden sie nun einmal für reiche Herrscher, aber heute genießen alle Besucher ihre Pracht und erfahren viel über die damalige Zeit. Die Albrechtsburg in Meißen, nur 25 Kilometer elbabwärts von Dresden gelegen, zeigt uns ein typisches Beispiel des Übergangs von einer Burg zum Schloss. Schlösser, kleine verfallene oder große herausgeputzte, habt ihr bestimmt schon eine Menge gesehen. Mitten in Dresden steht zum Beispiel eines, das nun die Kunstsammlun-

gen beherbergt. Und zumindest gehört habt ihr wahrscheinlich von einem Märchenschloss, das sich der Bayernkönig Ludwig II. wie ein Puppenhaus bauen ließ. Es ist das Schloss Neuschwanstein, das nicht einmal richtig als Wohnhaus oder anderen nützlichen Zwecken diente, sozusagen das erste Disneyland der Welt.

Ein bisschen wie Schlösser sahen sogar noch die ersten großen Fabriken aus, gäbe es nicht die rauchenden Schornsteine dazwischen. Sie entwickelten sich aus den Manufakturen, die wiederum aus den Handwerksbetrieben des Mittelalters entstanden. Mit dem Industriezeitalter ging es in der ersten Hälfte des 19. Jahrhunderts darum, möglichst viele Produkte mit möglichst geringem Aufwand zu

produzieren. Die Arbeiter, die in diesen Fabriken schwer arbeiteten, wohnten allerdings nun gar nicht in schlossähnlichen Behausungen. Ihre Wohnsiedlungen boten oft nur das Notwendigste, und in die engen Gassen drang kaum Licht. Die englischen Industriestädte erlangten in dieser Hinsicht einen traurigen Ruf. In Sachsen galt vor allem Chemnitz als eine düstere Stadt voll Rauch und Schmutz, in der niemand gern wohnte.

Zu Beginn des 20. Jahrhunderts waren es fortschrittliche Architekten und zum Teil sogar Fabrikbesitzer, die nach menschenwürdigeren Unterkünften auch für einfache und arme Leute suchten. Wohlfühlhäuser, die damals entstanden, könnt ihr zum Beispiel in Dresdens nördlichem Stadtteil Hellerau besichtigen. Die Idee der Gartenstadt wurde vor etwas mehr als hundert Jahren geboren. Arbeit, Wohnen, Kunst und Feiern sollten wieder miteinander harmonieren. Die Häuser des Architekten Heinrich Tessenow in Hellerau sind klein und bescheiden, aber intelligent ausgestattet. Ein Wohnraum, eine Küche, zwei Schlafzimmer genügen. Bis heute gefallen sie vielen Menschen, und das ist bekanntlich das Wichtigste. Sie strahlen eine verborgene Harmonie aus, die wir alle heimlich empfinden, auch wenn wir sie mit Worten gar nicht beschreiben oder begründen können. Mittelpunkt der Gartenstadt Hellerau ist das Festspielhaus, das sich seit 15 Jahren wieder der zeitgenössischen Kunst widmet.

Das Industriezeitalter blieb letztlich nicht ohne Einfluss auf die Architektur und die Bauweise von Häusern. Man versuchte, effizienter zu bauen, also mit geringerem Aufwand. Zugleich hielten standardisierte Bauelemente Einzug. Man setzte nicht mehr Stein auf Stein. Der Beton kam auf und mit ihm das innere Gerüst von Häusern, ein System von Stützen, die sogenannte Skelettbauweise. Wie man das trotzdem ansprechend und nicht eintönig und auf seine Weise kunstvoll machen kann, hat das berühmte Bauhaus in Dessau gezeigt. Zugleich konnten mit dieser Bauweise Wände in Stützen aufgelöst und somit große Räume mit fließenden Übergängen geschaffen werden. In den wachsenden Städten entstand zwar nicht unbedingt

die Enge wie innerhalb der mittelalterlichen Mauern wieder. Aber der Platz wurde knapper und das Bauland teurer. Wieder rückten die Häuser zusammen zu Reihen- oder Hofhäusern.

Ihren Höhepunkt erreichte die industrielle Bauweise nach dem Zweiten Weltkrieg mit dem Plattenbau. Durch die Kriegszerstörungen und die Flüchtlinge waren Wohnungen knapp und mussten sehr schnell neu gebaut werden. Dafür setzte man Fertigteile aus Beton zusammen, die

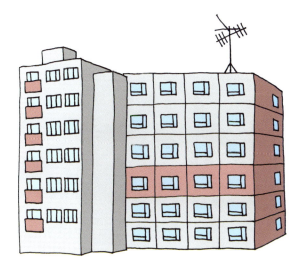

so groß wie eine Zimmerwand waren. Was entstand, waren ziemlich monotone Bauten, die überall gleich aussahen und kaum Abwechslung für das Auge und in der Raumgestaltung boten. Wer vor einer solchen riesigen Wohnzeile stand, konnte kaum sagen, wo das Kinderzimmer von Freund Fritzchen oder Freundin Franziska lag. Die Meinungen über die „Platte" sind bis heute geteilt, auch unter den Kindern im Hörsaal der Dresdner Kinder-Universität. Die Kinder von heute aber kennen meist nur die modernisierten, „angehübschten" Varianten der Großplattenbauten aus DDR-Zeiten. Man kann nämlich einiges an ihnen verbessern, das sie viel freundlicher erscheinen lässt. Manche sind um die oberen zwei, drei Stockwerke „ra-

siert" worden. Mit Farbe lässt sich die Fassade gliedern, Wärmeschutzverkleidungen haben auch das Aussehen verändert.

Was erwarten wir heute von einem modernen Haus? Ein Punkt wird immer wichtiger, den wir schon an einem Plattenbau gut beobachten können. Solch ein Klotz hat nämlich eine Seite, auf die die Sonne bevorzugt scheint, und eine Schattenseite. Damit entsteht ein Temperaturunterschied und somit auch eine Luftströmung, genannt Thermik. Die könnte man ausnutzen. Ein Haus hat immer viel mit dem Klima zu tun.

Dem Klima draußen, dem es ausgesetzt ist und dem drinnen, das die Bewohner meist selbst erzeugen und in dem sie sich wohlfühlen wollen. Licht und Lüftung spielen also eine große Rolle. Eng mit dem Klima ist auch die Frage der Energiegewinnung verbunden. Ganz fortschrittliche, aber teure und nicht immer schöne Häuser machen sich unabhängig von der Fernheizung oder sogar vom Stromnetz. Niedrigenergie- oder Passivhäuser nennt man sie. Auf dem Dach sind Solarmodule montiert, Wärme gewinnen sie aus der Erde oder aus der erwärmten Raumluft zurück.

Fast alles scheint möglich mit modernen Materialien. Wer Geld hat, kann sich ganz verrückte Häuser nach seinem Geschmack leisten. Eines, das nur aus Regalen für die zahllosen Bücher besteht, eines aus Plastik oder aus Glas für solche, die in allen Lebenslagen gern von allen gesehen werden. Aber auch bei der Auswahl einer Mietwohnung kann man überlegen, welcher Zuschnitt und welche Lage zu einem passt. „Welcher Typ bin ich?", sollte man nach dem Rat von Professor Kulka vor einem Hausbau stets überlegen. Und man sollte beachten, in welche

Umgebung das Haus passt. Alle Häuser stehen nun einmal in einer Landschaft oder in einer Stadt. Darauf muss man Rücksicht nehmen. Ein Haus erscheint uns nur dann schön, wenn es auch mit der Umgebung harmoniert. Menschen sind bekanntlich nie zufrieden und möchten am liebsten an der See und im Gebirge gleichzeitig wohnen.

Es ist klar, dass bei dem unterschiedlichen Geschmack der Menschen auch unterschiedliche Haustypen bevorzugt werden. Aber wir sind hier auch nach der Suche nach verborgenen Regeln, die für alle gelten. Gemeint ist das gewisse Etwas, das uns ein Haus erst schön und heimelig erscheinen lässt. Dessen sind sich viele nicht bewusst. Deshalb steht nicht von vornherein fest, dass uns zum Beispiel ein Haus, das wir mit einem Computerspiel nach unseren Wünschen entworfen haben, am Ende wirklich gefällt. Es kann trotzdem steril wirken und ohne Seele, und man kann ihm ansehen, dass es eher einem Puppenstubenbaukasten als einer Idee entstammt. Auch auf die Proportionen kommt es an.

Es ist so ähnlich wie mit sympathischen Menschen auch: Wir möchten ein Haus mit Charakter, eines, das sich nicht versteckt und eines, das etwas ausdrückt. Das klappt selten bei vorgefertigten Musterhäusern, selten bei Wolkenkratzern und ebenso selten bei vielen Versuchen, uns das ideale Haus der Zukunft zu präsentieren.

Um euer Empfinden und eure Urteilskraft zu schulen, solltet ihr einmal kritisch und wach durch eure Heimatstadt gehen. Schaut euch Häuser genau an und überlegt, warum sie euch ansprechen oder abstoßen! Was fühlt ihr? Ihr werdet merken, dass es nicht nur alte Bauten und Plätze sind, die angenehme Empfindungen hervorrufen. Wenn sie nur alten Häusern so nachgebaut sind, dass es jeder gleich merkt wie am Neumarkt rund um die Dresdner Frauenkirche, können sie sogar unangenehm wirken. Die Prager Straße hingegen ist trotz der Plattenbauten ringsum recht beliebt. Und was für ein Haus gilt, gilt sinngemäß auch für die Stadt. Harmonisch und organisch und mit unverwechselbarem Charakter soll es darin zugehen in einer Mischung aus Wohnungen, öffentlichen Bauten, Grünanlagen und Verkehr.

Warum schlafen wir?

Prof. Dr. Till Roenneberg, Chronobiologe an der Ludwig-Maximilians-Universität München

Warum schlafen wir? Dem nicht ganz vorbildlichen Schüler, dem gähnend der Kopf langsam auf die Tischplatte sinkt, wird die Antwort leicht fallen: „Weil ich soooo müde bin!" Na, in einer Vorlesung der Dresdner Kinder-Universität kann der jedenfalls nicht gesessen haben. Denn die sind immer spannend und halten jeden wach. Nächste Frage: Warum werden wir müde? Jetzt müssen wir wohl doch einen Experten fragen, der sich mit Schlafen und Wachen und inneren Uhren beschäftigt. Professor Roenneberg forscht auf diesem Gebiet in München an der Ludwig-Maximilians-Universität. Zu tun hat er genug, denn auch ausgeschlafene Wissenschaftler haben zum Schlaf noch viele offene Fragen.

Unsere Erfahrungen zeigen zweierlei. Zum einen unterliegen alle Lebewesen seit Millionen von Jahren dem Wechsel von Tag und Nacht und von Jahreszeiten auf der Erde. Das ist nun einmal so auf einem um die Sonne rotierenden Planeten. Dem haben wir uns unbewusst angepasst, und eigentlich können wir ja auch ganz froh sein, dass es uns auf diese gastliche Erde verschlagen hat. Zum anderen machen wir die Erfahrung, dass wir uns ausgeschlafen rundum wohler fühlen. Knifflige Aufgaben lösen wir besser, und eine lange Wanderung sollte man auch nicht müde angehen. Wir erholen uns beim Schlafen, wir regenerieren.

Die Wissenschaftler sind sich aber keineswegs ganz sicher, ob wir nur aus Erschöpfung schlafen müssen. Zu denken gibt ein kurioses Beispiel aus der Tierwelt. Tiere, die einen Winterschlaf halten, brauchen nämlich nach dem Aufwachen gleich erst einmal einen Erholungsschlaf. Sie haben über Monate Energie einsparen können, ihre Körpertemperatur ist gesunken, und dennoch sind sie gleich wieder müde. Es muss dafür also noch einen anderen Grund geben.

Der Schlaf sei ein Bruder des Todes, heißt es manchmal poetisch. Aber das stimmt nicht ganz, denn beim Schlafen schalten wir Körper und Geist nicht komplett aus wie eine Maschine. Schlafen bedeutet auch Aktivität! Nicht nur, weil wir zum Atmen und für die anderen minimalen Lebensfunktionen immer einen Grundumsatz an Energie brauchen. Tätig ist beim Schlafen vor allem das Gehirn. Es erholt sich, indem es tätig ist – das ist paradox.

Unsere Träume signalisieren schon, dass beim Schlafen im Kopf etwas passiert. Das Gehirn ruht sich nicht nur von den Strapazen des Tages aus. Es hat ja eine Unmenge Informationen zu verarbeiten gehabt – wie ein Computer, bei dem den ganzen Tag über die Festplatte rasselt und der Prozessor glüht. Denn unser Gehirn denkt nicht nur, es steuert auch unsere Bewegungen und setzt unseren Willen um. Dabei hat es viele neue Verbindungen geknüpft. In der Nacht wiederholt es Teile dieses Tagesprogramms und prüft diese Verbindungen. Es wählt aus, welche stark und schwach waren, welche wichtig und unwichtig sind. Es schützt sich und uns so vor Überlastung, regeneriert und repariert sich selbst.

Bei Kleinkindern ist alles neu. Sie müssen sämtliche Lebensgewohnheiten erst lernen. Das Gehirn hat also besonders viel zu tun. Kinder, auch wenn sie schon größer sind, merken sich alles ohnehin viel schneller als Erwachsene. Das ist einer der Gründe, warum sie auch mehr schlafen müssen, um diese Informationsfülle zu verarbeiten. Wieviel Schlaf ein „normales" Kind in einem bestimmten Alter braucht, kann man gar nicht allgemein sagen. Studenten im Besucheralter der Kinder-Universität, also von acht bis zwölf Jahren, brauchen zwischen neun und elf Stunden Schlaf. Auch Erwachsene

ALTER	SCHLAF PRO
NEUGEBORENE	BIS ZU 18 STUNDEN
1 - 12 MONATE	14 - 18 STUNDEN
1 - 3 JAHRE	12 - 15 STUNDEN
3 - 5 JAHRE	11 - 13 STUNDEN
5 - 12 JAHRE	9 - 11 STUNDEN
TEENAGER	9 - 10 STUNDEN
ERWACHSENE	7 - 8+ STUNDEN
SCHWANGERE	8+ STUNDEN

fühlen sich nach ganz unterschiedlicher Schlafdauer ausgeschlafen. Manchen genügen sechs, Künstlern zum Beispiel oft nicht einmal neun Stunden. Je tiefer man schläft, desto kürzer kann der Schlaf sein. Dabei gibt es verschiedene Schlafphasen, in denen man unterschiedlich fest

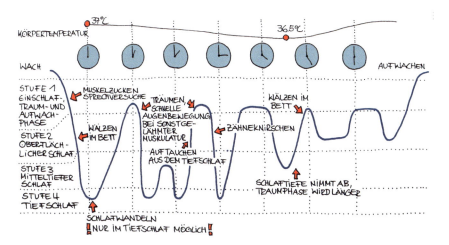

KÖRPERTEMPERATUR 37°C 36.5°C

WACH AUFWACHEN

STUFE 1
EINSCHLAF-
TRAUM- UND
AUFWACH-
PHASE

MUSKELZUCKEN
SPRECHVERSUCHE
TRÄUMEN,
SCHNELLE
AUGENBEWEGUNG
BEI SONSTGE-
LÄHMTER
MUSKULATUR

WÄLZEN IM
BETT

STUFE 2
OBERFLÄCH-
LICHER SCHLAF

WÄLZEN
IM BETT

ZÄHNEKNIRSCHEN

AUFTAUCHEN
AUS DEM TIEFSCHLAF

STUFE 3
MITTELTIEFER
SCHLAF

SCHLAFTIEFE NIMMT AB,
TRAUMPHASE WIRD LÄNGER

STUFE 4
TIEFSCHLAF

SCHLAFWANDELN
! NUR IM TIEFSCHLAF MÖGLICH !

schläft. Die Schlaf-Forscher, also die Berufs-Schläfer, sprechen sogar von einem 90-Minuten-Zyklus, der sich auch tagsüber fortsetzt.

Damit sind wir bei dem Spezialgebiet, das Professor Roenneberg wissenschaftlich ganz besonders interessiert. In seiner Berufsbezeichnung „Chronobiologe" stecken zwei Fremdwörter, die es beschreiben: „Chronos" ist das griechische Wort für „Zeit", und dass Biologie die Wissenschaft von den Lebewesen ist, wisst ihr sicher längst. Jedes Lebewesen hat nicht nur seine Lebenszeit. In ihm tickt auch eine geheimnisvolle innere Uhr. Ein bisschen so wie der Wecker, den das Krokodil bei Peter Pan verschluckt hat. Diese Uhr wirkt wie ein Programm und gibt uns zu bestimmten Zeiten Befehle, die wir

freilich ausführen oder ignorieren können. Der morgendliche Gang zur Toilette ist solch eine Gewohnheit oder die Tatsache, dass wir nachts über viele Stunden keinen Hunger verspüren.

Vor allem aber lässt uns die innere Uhr zu bestimmten Zeiten regelmäßig munter oder müde werden. Kinder, die täglich acht Uhr in der Schule sein müssen, werden von selbst wach – wenn sie nicht heimlich bis Mitternacht gelesen haben. Man muss nur einmal seinen Tagesrhythmus drastisch verändern, um zu spüren, wie stark die innere Uhr ist. Bei Reisen mit dem Flugzeug in andere Kontinente ist das der Fall, wo die Sonne einige Stunden früher oder später aufgeht. „Jetlag" nennt man diese Reisekrankheit, immer zur „falschen" Zeit besonders müde zu werden. Man kann die innere Uhr auch nicht durch besondere Aktivität oder sportliche Belastung überlisten. Es gibt zum Beispiel Radrennen über 24 oder 30 Stunden, in denen sich besonders rege und besonders müde Phasen wie gewohnt abwechseln.

Wo sitzt denn nun dieser magische Wecker? Gewiss nicht im Bauch wie bei Peter Pans Krokodil. Wissenschaftler haben tatsächlich den Ort herausgefunden, wo er unhörbar tickt. Hinter dem Nasenrücken, im Gehirn, wo sich die Augennerven kreuzen, da sitzt ein winziger Zellhaufen. Seinen komplizierten Namen kürzen die Forscher mit SCN ab. Das ist der Taktgeber, der regelmäßige Signale an andere Regionen des Gehirns abgibt. Die schicken ihrerseits Nervenreize oder steuernde Hormone an die Organe, für die sie zuständig sind. Der wichtigste dieser Botenstoffe ist das Melatonin. Damit werden wichtige Körperfunktionen verändert. Die innere Uhr beeinflusst den Blutdruck oder die Körpertemperatur. Wenn wir Fieber haben, steigt es am Abend immer am höchsten.

Gestellt wird die innere Uhr durch den am Anfang schon erwähnten,

uns vorgegebenen astronomischen Rhythmus. Also durch Tag und Nacht, durch Helligkeit und Dunkelheit. Die Augen spielen folglich eine wichtige Rolle. Man kann daraus ebenso schließen, dass allein schon in Deutschland nicht alle inneren Uhren gleich gestellt werden. Denn die Sonne wandert von Ost nach West. Sie geht in Görlitz an der Neiße einige Minuten früher auf als am Rhein. Wenn also überall in Deutschland Menschen zur gemeinsamen Uhrzeit die Spätausgabe der Tagesschau im Fernsehen sehen, dann sind die Görlitzer schon ein bisschen müder.

Und wie ist das mit den langen Nächten im Winter, werdet ihr fragen? Richtig, dann kursiert mehr Melatonin-Hormon in unserem Körper, dieser Schlaf anregende Botenstoff. Wir sind im Durchschnitt häufiger müde und auch nicht so spontan und aktiv wie im Sommer. Sehr zur Schwermut neigen in dieser Hinsicht die Bewohner im nördlichen Skandinavien. Jenseits des Polarkreises geht die Sonne im Polarwinter überhaupt nicht mehr auf. Die innere Uhr wird verstellt. Diese Neigung zu trüber Stimmung, zu Depressionen kann man ein bisschen überlisten. Denn es

Diese erstaunlichen Beobachtungen, wenn auch oft aus traurigem Anlass, verweisen uns auf noch erstaunlichere Eigenschaften der inneren Uhr. Wenn man sich ohne schlimmen Grund für ein Experiment einige Wochen in einen fensterlosen dunklen Raum einschließen lässt, zum Trost meinetwegen mit einem Karton Gummibärchen und einem Eimer Brause, dann tickt die innere Uhr weiter. Zwei Drittel des Tages will man ungefähr wach bleiben, ein Drittel schlafen. Der Zyklus verlängert sich nur wie bei Blinden etwas auf ungefähr 25 Stunden. Diese phantastischen Eigenschaften bemerken Forscher auch dann, wenn sie den SCN-Zellhaufen bei Versuchstieren entfernen und in eine Zuchtschale im Labor setzen. Der Taktgeber tickt auch dann unbeirrt in der Schale weiter.

gibt ja elektrisches Licht, und im ewig hellen Polarsommer kann man die Fenster verdunkeln. Noch schwerer haben es Blinde. Wenn sie vollständig erblindet sind, kann ihre innere Uhr nicht richtig gestellt werden. Sie verhält sich dann ähnlich wie bei Personen, die lange in einem dunklen Raum gehalten werden. Bergleuten, die lange unter Tage im Bergwerk arbeiten und im Winter nach der Ausfahrt aus dem Schacht wieder in Dunkelheit ankommen, geht es so. Und in grausamen Diktaturen – nicht bei uns – werden Häftlinge manchmal in Dunkelhaft gehalten. Dann verlängert sich der 24-Stunden-Rhythmus des Tages nämlich auf 25 Stunden. Die Uhr geht also immer mehr nach, man lebt zeitversetzt zu anderen und wird wach, wenn sie schlafen. Das Melatonin als Medikament kann hier helfen.

Versuchstiere? Ja, auch bei Tieren und Pflanzen finden wir eine innere Uhr. Ein Blick in den Garten oder auf den Balkon genügt schon, dies zu erkennen. Blüten öffnen und schließen sich auf magische Weise. Die

Bienen beispielsweise wissen, wann und wohin sie fliegen müssen. Ihre innere Uhr wird mit dem Sonnenstand koordiniert. Wird dieser Zusammenhang gestört, fliegen sie in die falsche Richtung und finden keine Blütennahrung.

„Und was ist mit nachtaktiven Tieren?", werden die ganz Schlauen unter euch jetzt fragen? Mit Fledermäusen zum Beispiel? Ja, nicht alle Tiere schlafen in der Nacht wie die Menschen und die Vögel. Und manche Tiere, ja sogar gefürchtete Raubtiere wie die Löwen, schlafen doppelt so viel wie die Menschen. Ihre zahmeren Geschwister, unsere Hauskatzen, schlafen wiederum mehrmals am Tag und nicht so viel in einem Stück. Das alles spricht nicht gegen ihre innere Uhr. Sie sind eben nur anders angepasst.

Außer dem täglichen Wecker ticken im Menschen auch noch andere Uhren. Über Wochen und Monate er-strecken sich sogenannte Biorhythmen oder Biozyklen. Ganz sensible Menschen horchen dann ständig in sich hinein, ob sie gerade in Form sind oder nicht. Darüber wird auch viel Unsinn verbreitet, und man sollte sich nicht allzu sehr von Biorhythmen abhängig machen.

Ohne Schlaf aber kommen wir alle nur kurze Zeit aus. Kleinkinder, die zu wenig schlafen, entwickeln sich nicht richtig. Und nicht von ungefähr dient Schlafentzug bis heute noch als Foltermethode in Ländern, die sich nicht an die Menschenrechte halten. Am wohlsten fühlen wir uns, wenn wir mit der inneren Uhr in Einklang leben können. Und wenn wir manchmal barmen, was wir mit der Zeit, die wir im Bett verbringen, doch viel effektiver hätten anstellen können, so ist doch gewiss: Das Drittel unseres Lebens, das wir verschlafen und verschlafen müssen, ist keineswegs verlorene Zeit!

Warum braucht jeder Dresdner 43 PS?

Prof. Dr. Udo Becker, Verkehrsökologe an der TU Dresden

„Es war einmal …" könnte diese Vorlesung auch beginnen. Es gab einmal eine Zeit ohne Autos, ohne Eisenbahn, ohne Flugzeuge. Noch nicht einmal das Fahrrad war erfunden, von Inline-Skatern ganz zu schweigen. Wollte man ins Nachbardorf, musste man laufen, hatte man etwas zu transportieren, musste man seinen Karren selber ziehen. Lasten, zum Beispiel beim Hausbau, trugen Menschen oft selbst auf dem Rücken.

Ein Tier brachte unseren Vorfahren die wichtigste Erleichterung bei der Erledigung all dieser Aufgaben. Wir schätzen es bis heute, und besonders Mädchen geraten bei seinem Anblick in Entzücken: Das Pferd. Edel und schön gebaut wie ein Rennpferd oder kraftvoll und wuchtig wie ein Brau-

ereipferd. Was Mädchen an ihren Formen nach wie vor ganz toll finden, hat sich bei Jungen eher auf die Begeisterung für rasante Autos übertragen. Pferde waren die Traktoren und die Autos unserer Vorfahren. Man konnte auf ihnen reiten, sie konnten einen Pferdewagen oder eine lustige Postkutsche ziehen, man konnte sie vor einen Pflug spannen. Bis heute sind sie für bestimmte Aufgaben am besten geeignet. Waldarbeiter rücken Altholz und Windbruch noch immer mit Pferden aus dem Wald. Pferde bedeuteten also einen großen Fortschritt und spürbare Hilfe für die Menschen.

Schön und nützlich, diese Pferde! Sie brachten also nur Vorteile für uns? „Es gibt auf der Welt nichts, das nur Vorteile hat!", hebt Professor Becker das einzige Mal in seiner Vorlesung den mahnenden Zeigefinger. Kommt etwas Neues, sind wir erst einmal nur begeistert und bemerken Nachteile oft zu spät. Professor Becker befasst sich als Verkehrsökologe schon von Berufs wegen mit den Kehrseiten einer Entwicklung, die wir auf den ersten Blick alle ganz toll finden. Oder ist es etwa kein Fortschritt, dass wir zu jeder Zeit in unser Auto oder in ein Flugzeug steigen können und um die Welt oder auch nur in die Pizzeria um die Ecke reisen können? Dafür bauen wir Straßen und große Brücken und Flughäfen. Man soll aber dem schönen Schein und auch den schönen Worten von Lehrern oder Professoren nicht immer glauben, mahnt der Professor. Immer selber denken und „warum" fragen wie die Überschriften der Kinder-Universität! Das ist die wichtigste Voraussetzung, ein wacher und kritischer Student im Hörsaal und natürlich auch ein guter Schüler im Klassenzimmer zu werden.

Zu jedem „Ja" gehört also auch ein „Aber". Was uns vorteilhaft erscheint, hat auch verborgene Tücken. Auch Pferde. So verborgen sind deren Tücken gar nicht. Man kann sie sogar heftig riechen. Denn jedes Kind weiß, dass Pferde wie alle Lebewesen vorne etwas futtern müssen, das dann hinten etwas verändert wieder herauskommt. So ein Pferd ist nun kein Goldhamster, sondern braucht ordentlich etwas zum Frühstück. Fünf Kilogramm Hafer pro Tag müssen es schon sein, Quetschhafer, so gut wie Haferflocken, vielleicht noch gemischt mit neueren Pferdepellets. Das ist schon mal ein Eimer voll. Dazu Heu oder Stroh zum ständigen Knabbern nebenbei, Möhren, Äpfel, Brot und Wasser sowieso. Die Menge an Pferdefutter für einen Tag würde ausreichen, ein Kind in eurer Größe zwei Wochen lang zu ernähren. Deshalb haben vor allem Familien auf dem Land früher lange überlegt, ob sie sich ein Pferd leisten konnten. Wenn das Essen ohnehin schon knapp war, sollten dann Kinder für ein Pferd hungern?

Es gab folglich nur wenige Pferde. Menschen haben sich ein Pferd geteilt, es vom Nachbarn ausgeliehen, wenn sie eines brauchten. Weitsichtige und verantwortungsbewusste Bürger haben diesen alten Brauch heute wieder entdeckt, wenn sie sich ein Auto teilen. Unser Car-Sharing ist das „Pferde-Sharing" von einst.

Das wäre nicht nötig gewesen, wenn sich jeder ein Pferd leisten konnte, meint ihr jetzt? Das muss doch ein Fortschritt sein, wenn sich alle alles leisten können, oder? Ist immer mehr auch immer besser?

Das Beispiel der Pferde zeigt uns, dass das nicht so ist. Aus ganz praktischen Gründen, aber auch aus Gründen, die mit unserem Empfinden, unserem Gefühl zu tun haben. Ihr kennt das selbst: Hat man eine Woche gefastet, schmeckt der erste Riegel Kinderschokolade noch himmlisch. Das zweite schon weniger, und um noch einmal den Genuss des ersten Riegels verspüren zu können, will man immer mehr Schokolade futtern, die der Magen gar nicht mehr verträgt. Das erste Fahrrad ist noch ein Riesengeschenk. Über das zweite, vielleicht ein spezielles Mountain-Bike, freut man sich schon weniger, und das dritte braucht man überhaupt nicht mehr. Die Wissenschaftler bezeichnen solche Erscheinungen als „sinkenden Grenznutzen" und malen das in Kurven auf. Aus dem Nutzen wird Abnutzung. An unseren getreuen Pferden kann man gut aufzeigen, was gemeint ist.

Brachten immer mehr Pferde wirklich Vorteile? Wer konnte sich überhaupt viele Pferde leisten? Anfangs waren es fast nur Ritter und Könige. Der legendäre sächsische Kurfürst August der Starke, an den das Standbild des „Goldenen Reiters" in Dresden erinnert, war vor rund 300 Jahren der reichste Mann Sachsens. Die

250 Pferde, die er besaß, erscheinen uns heute gar nicht so viel und waren doch mit Abstand die höchste Zahl Tiere, die einer Einzelperson gehörten. Knapp 200 Jahre später, um 1900, gab es allein in Dresden schon 8000 Pferde. Der Onkel des wohlbekannten Schriftstellers Erich Kästner zum Beispiel unterhielt zu dieser Zeit am Albertplatz einen großen Pferdemarkt. Das war so etwas wie das Autohaus des 19. Jahrhunderts.

Nun mussten die 8000 Dresdner Pferde ja nicht nur gefüttert werden. Da kamen sowieso schon einige tausend Eimer mit Hafer zusammen. Sie ließen auch etwas fallen, duftende Äpfel, wie wir wissen. Die kann man zwar als Dünger auf den Feldern wieder ganz gut brauchen. Aber dafür

mussten sie erst einmal von den Straßen geräumt werden. Das Problem gab es überall auf der Welt. Für New York, damals die größte Stadt der Vereinigten Staaten von Amerika, hatte man um 1900 eine ziemlich deprimierende Prognose hochgerechnet. Wenn die Zahl der Pferde weiter so zunehmen würde, läge der stinkende Pferdemist in zehn Jahren 1,80 Meter hoch auf den Straßen. Das Ende des Straßenverkehrs schien nahe.

Es kam nicht dazu, wie ihr wisst. Es wurde nämlich etwas erfunden, was viel toller als Pferde ist und sie mehr als nur ersetzen konnte. Das Automobil bewegte sich mit Hilfe des Benzinmotors immer häufiger auf den Straßen. Es brauchte keinen Hafer mehr, es ließ keine Pferdeäpfel fallen und es war viel stärker als ein Pferd. Zum Vergleich führte man die Maßeinheit „Pferdestärke" ein, abgekürzt PS. Sie hat sich bis heute gehalten, obgleich wir physikalisch korrekter die Leistung längst in Watt messen. Ein PS entspricht 735 Watt, der mittleren nutzbaren Dauerleistung eines Arbeitspferdes. Davon lassen sich umgerechnet hundert moderne Energiesparlampen betreiben. Übrigens kann ein Radrennfahrer bei einem steilen Berganstieg auch bis zu 400 Watt Leistung erreichen. Schon die ersten Autos waren so stark wie mehrere Pferde zusammen. Der „Trabant", der über Jahrzehnte in der DDR gebaut wurde und über den wir heute lächeln, leistete immerhin schon stolze 26 PS. Ein VW Golf bringt es auf 102 PS Leistung, und um die 480 Pferde zu zählen, die ein raketenschneller Porsche ersetzt, reicht die Zeit einer Vorlesung kaum.

zu stillen. Den Durst eines einzelnen Autos haben die Ingenieure durch bessere Technik zwar schon ein bisschen senken können. Aber weil immer mehr Leute sich wie früher Pferde nun Autos leisten können, ist der Durst der Autos insgesamt schnell gewachsen. 1950, kurz nach dem Zweiten Weltkrieg, wurden in

Was für ein toller Fortschritt! Also waren alle Transportprobleme gelöst?

Ihr ahnt es schon; Mit den Autos verhält es sich ganz ähnlich wie mit den Pferden. Auch Autos haben nicht nur Vorteile. Sie fressen zwar keinen Hafer und kein Stroh, aber von Luft allein fahren sie auch nicht. Aus dem Füttern eines Pferdes ist das Tanken geworden, um den Durst des Autos

Deutschland nur 2,5 Millionen Tonnen Benzin verbraucht. Zehn Jahre später waren es schon zehn Millionen Tonnen. 1990 schluckten Autos in Deutschland 40 Millionen Tonnen Benzin, 2005 schon 60 Millionen. Bei 82 Millionen Einwohnern verbraucht inzwischen jeder Deutsche im Durchschnitt fast eine Tonne, also tausend Kilogramm Benzin pro Jahr. Was ein Baby nicht verbraucht, das natürlich noch nicht am

Steuer sitzt, muss man den anderen zuschlagen. Diesen Kraftstoff muss jeder wie einst das Pferdefutter kaufen, und er wird nicht gerade billiger. Das Erdöl, aus dem er größtenteils hergestellt wird, müssen wir auch zu immer teureren Preisen in Russland oder im Arabischen Raum einkaufen.

Wie viele Autos wollen, ja dürfen wir uns dann noch leisten? Dresdner Kinder kann man das noch etwas konkreter fragen, so, wie es über dieser Vorlesung steht. Wir wissen, dass in Dresden 505 000 Einwohner leben. Wir wissen auch, dass in der Stadt 221 400 Autos zugelassen sind. Wenn wir annehmen, dass jedes dieser Autos im Durchschnitt 100 PS stark ist, können wir ausrechnen, dass jeder Dresdner sozusagen 43 Pferde im Stall hat. Eine Familie mit Vater, Mutter, Sohn und Tochter verfügte, also über 172 Pferdestärken und kommt damit schon nahe an den alten Kurfürsten und König August heran. Der könnte sich wohl kaum vorstellen, wie eine Familie die 172 Gäule füttern, striegeln, sauberhalten und überhaupt unterbringen könnte.

Autos sind keine Pferde, werdet ihr einwenden. Und noch können wir uns Autos leisten und auch ihre Steuern, ihr Superbenzin oder ihren Diesel bezahlen. Und schließlich ist man ja heutzutage völlig auf das Auto angewiesen: Arbeit, Einkauf, Kindertransport, Urlaub – nichts geht mehr ohne das Auto. Haben Autos deshalb nur Vorteile?

Zweifel waren uns ja längst gekommen. 221 400 Autos in Dresden brauchen Platz zum Fahren wie zum Parken. Sie erzeugen Lärm, rosten und brauchen Reparaturen. Sie haben vor allem ständig Durst wie ein Pferd, und sie verunreinigen unsere Umwelt zwar nicht mit Pferdeäpfeln, aber mit gefährlichen Abgasen. Und mikroskopisch kleiner und gefährlicher Feinstaub kommt gleich mit aus dem Auspuff. Jeder Einwohner, also auch ihr, verbraucht im rechnerischen Mittel täglich zweieinhalb Liter Kraftstoff. Das ist ein halber kleiner Kanister voll, wenn man so will, auch eine halbe Haferportion für ein Pferd. Man kann damit ungefähr 30 Kilometer mit dem Auto fahren.

Was davon „hinten" wieder herauskommt, hat Professor Becker mit einigen riesigen tanzenden Luftballons im Hörsaal veranschaulicht. Sie enthalten drei Kubikmeter Autoabgase,

ZUSAMMENSETZUNG DER ERDATMOSPHÄRE WÄHREND
IHRER ENTWICKLUNG

84%

☐ STICKSTOFF N_2
☐ SAUERSTOFF O_2 ⎤
☐ KOHLENDIOXID CO_2 ⎬ FARBLOSE GASE
☐ SONSTIGE GASE ⎦

16% <1%

VOR CA. 1 MILLIARDE JAHREN

HEUTE

78%

1% 21%

natürlich keine echten oder gefährlichen. Auf den 30 Kilometern täglicher Durchschnitts-Autofahrt werden von einem einzigen Auto diese drei Kubikmeter mit reinem Kohlendioxid gefüllt. Das ist das Gas, das bei Verbrennung von Kohlenstoffprodukten zum Beispiel auch in Braunkohlekraftwerken entsteht und die Erwärmung der Erdatmosphäre besonders beschleunigt. Ein Treibhausgas, sagen die Experten. Bei einer Urlaubsfahrt von 600 Kilometern Länge pustet die Familienkutsche für Hin- und Rückreise schon mehr als 200 Kilogramm Kohlendioxid in die Luft.

Warum braucht jeder Dresdner dann trotzdem 43 PS? Geht es auch anders? „Ja", riefen nicht nur spontan

die Dresdner Kinderstudenten. Es muss sogar anders werden, setzte Professor Becker noch eins drauf. Das zeigt allein schon die Vorstellung, alle Menschen auf der Erde und nicht nur die reichen Dresdner wollten jeder auch 43 PS im Stall haben. Auch die in China oder im armen Afrika. Wäre doch nur gerecht, oder? Jeder weiß eigentlich, dass das die Erde nicht mehr verkraften würde. Und doch machen die meisten so weiter wie gewohnt. Schon jetzt verschieben wir die Folgen unseres Handelns oder Unterlassens auf die nächste Generation – auf euch nämlich. Dabei machen sich die Folgen unseres gewaltigen Energieumsatzes auf der Erde gerade erst deutlicher bemerkbar.

Es geht auch anders. Es geht zum Beispiel ohne Auto. Manche verzichten bewusst auf ein eigenes Auto, andere können es sich erst gar nicht mehr leisten. Tatsächlich hat jede dritte Familie kein Auto. Auch der umweltbewusste Professor Becker will das Auto aber nicht generell verteufeln. Es kommt nur darauf an, es sinnvoll und nur dort zu nutzen, wo es unentbehrlich ist. Die Feuerwehr oder die Polizei sollen nicht etwa wieder auf Pferdewagen umsteigen. Aber in einer so tollen Straßenbahn- und Autobusstadt wie Dresden könnte man das Angebot an öffentlichen Verkehrsmitteln viel häufiger nutzen. Oder mit dem Rad fahren, selbstverständlich mit Helm, oder gar laufen. Denn Autofahren ist nicht nur teuer, gefährlich und umweltschädlich, es macht auch dick, faul und träge. Dabei sind Menschen eigentlich geborene „Lauftiere", mindestens ein Kilometer sollte es am Tag sein. Sonst, so haben Untersuchungen der Wissenschaftler gezeigt, fühlen sich auch Kinder nicht wohl und lernen schlechter. Und werden später zu Studenten, die zum Pizzaladen um die Ecke und sogar auf die Toilette komplett mit dem Auto fahren, wie viele Professoren beobachten.

Damit sich Menschen genauer überlegen, wann sie in ihr bequemes Auto steigen, kann, ja muss Benzin ruhig teurer werden. Aber das wird es von ganz allein, weil die Nachfrage weltweit steigt und die Erdöl-Reserven knapper werden. Anders werden müssen aber auch unsere Städte. Ein bisschen mehr so, wie sie früher einmal waren. Da musste man nicht für einen Wochenendeinkauf zum Supermarkt vor die Stadt fahren, da gab es den sprichwörtlichen „Tante-Emma-Laden" noch um die ebenso sprichwörtliche Ecke.

Wenn mehr Leute mit der Straßenbahn fahren wollen, nehmen die Verkehrsbetriebe auch mehr Geld ein und können die Bahnen oder Busse häufiger fahren lassen. Weniger Autoverkehr bedeutete mehr Kinderfreundlichkeit, mehr Ruhe, mehr Frischluft. Im Interesse aller betrachtet, würde Geld frei, das sich besser für kinderfreundliche Zwecke, für Spielplätze, renovierte Schulen, für Bildung insgesamt einsetzen ließe. Aber ihr wisst ja, wie die Erwachsenen am Auto hängen. Unter uns gesagt: Menschen lernen meist erst durch schlimme Erfahrung. Oder durch weit blickende, hellwache, neugierige Kinder, die bei allen Dingen fragen „warum?" oder „warum nicht anders?" So, wie die Nachwuchsstudenten der Dresdner Kinder-Universität. Deshalb, ganz im Ernst, brauchen Erwachsene manchmal eure Hilfe.

Warum gibt es Gefängnisse?

Prof. Dr. Martin Schulte, Jurist an der TU Dresden

„Der Angeklagte muss wegen schweren Diebstahls drei Jahre hinter Gitter", kann man manchmal in Zeitungsberichten lesen. Was sind das für Gitter? Sie sind vor einem Zellenfenster angebracht, das wiederum zu einem Gebäude gehört, um das ebenfalls hohe Mauern und Zäune gezogen sind. Ein Gefängnis ist wirklich kein gemütlicher Ort. Man wird dort festgehalten, eingesperrt, kann nicht mehr tun, was einem beliebt. „Der sitzt im Knast", tuscheln dann die Leute. Straftäter verbüßen dort eine Freiheitsstrafe, heißt es juristisch korrekt. In der Regel können einen die Familie und Freunde nur besuchen oder zum Geburtstag vor dem Gefängnistor singen wie in einem lustig-traurigen Kurzfilm, den Professor Schulte seinen Kinderstudenten zeigte.

Denn Professor Schulte ist ein Jurist, ein Rechtswissenschaftler, der sich mit Gesetzen, der Rechtsprechung und also auch mit Strafen befasst. Eine solche Verurteilung ist, wie die Justiz insgesamt, übrigens alleinige Angelegenheit des Staates und seiner dazu bestellten Richter. So haben wir es zum Beispiel in der Vorlesung von Professor Milbradt über den Staat schon gelernt.

Das war nicht immer so. In historischen Filmen seht ihr manchmal Könige, die zugleich als oberste Gerichtsherren ihres Landes endgültige Urteile sprachen. Da konnte auch einmal Willkür im Spiel sein, und nicht alle waren so weise wie König Salomo aus dem Alten Testament der Bibel mit seinem sprichwörtlich gewordenen salomonischen Urteil. Große „Gefangenenhäuser" wie unsere heutigen Gefängnisse gab es früher auch noch nicht. Wer etwas verbrochen hatte oder auch nur in Ungnade fiel, landete im Kerker einer Burg. Das war nicht selten ein

Hungerloch oder ein Hungerturm, wo man elend zugrunde ging. Man wurde überhaupt schneller zum Tode verurteilt als heute, wo in den meisten kulturell hoch entwickelten Ländern die Todesstrafe abgeschafft ist. Daneben gab es noch drastische Leibesstrafen, wie das Abhacken der Hände bei Dieben. Mit Folter wurden Menschen gequält, um Geständnisse von ihnen zu erzwingen. Manche gestanden dann, was man von ihnen wollte, nur um dem Leiden zu entgehen. Welche grausamen Methoden dabei üblich waren, verschweigen wir hier lieber, damit ihr noch gut schlafen könnt. Ihr könnt ja einmal auf die Burg Stolpen fahren, wo man bis heute eine Folterkammer besichtigen kann. Auf der Burg Stolpen saß übrigens eine ganz berühmte sächsische Gefangene seit 1716 für fast 50 Jahre fest: Die Gräfin Cosel, Geliebte von August dem Starken. Andere bekannte sächsische Gefangene waren der Porzellanerfinder Johann Friedrich Böttger oder der Abenteuerschriftsteller Karl May.

Zu Beginn des 17. Jahrhunderts wurden in Deutschland die ersten Zuchthäuser eingerichtet. In Sachsen stand ein bekanntes in Waldheim. Ein Zuchthaus war nicht nur eine Strafanstalt im heutigen Sinn. Alle möglichen Leute, die „auf die schiefe Bahn" geraten waren, wie man sagt, sollten hier wieder in ein ordentliches Leben zurückgeführt werden. Dafür bedurfte es nicht einmal eines Gerichtsurteils. Immerhin wurde zur Besserung hier auch Unterricht erteilt. Harte Arbeit wurde als eine Erziehungsmethode angesehen, und auch sonst ging man nicht gerade zimperlich mit den „Zuchthäuslern" um. So zeigt ein Bild die „Begrüßung" der neuen Insassen, die inmitten der übrigen Gefangenen an der Züchtigungssäule erst einmal eine bestimmte Anzahl von Schlägen erhielten. Das nannte man „Willkommen".

Wie lange man im Zuchthaus bleiben musste, war von der Gnade des Herrschers abhängig. Die Insassen wurden in eine gestreifte Einheitskleidung gesteckt, damit man sie bei einer möglichen Flucht

sofort erkannte. Denn außerhalb des Zuchthauses fiel diese besondere Kleidung sofort auf. Auch heute noch tragen zum Beispiel die Terrorverdächtigen im amerikanischen Gefangenenlager Guantanamo, die auch ohne Urteil festgehalten werden, einen grell-orangenen Anzug.

In Deutschland wurde die Zuchthausstrafe erst 1969 endgültig abgeschafft. Vor etwa 100 Jahren waren an ihre Stelle Gefängnisse getreten. Ein ganz bekanntes gibt es in Bautzen, im Volksmund „das gelbe Elend" genannt. Dort wurden die Gefangenen in unterschiedliche Klassen eingeteilt. Je nach Klassenstufe waren die Gefangenenzellen unterschiedlich bequem, sofern man in einem Gefängnis überhaupt von Bequemlichkeit sprechen kann. Ganz karg war die einfachste Zelle ausgestattet, die für die sogenannte Unterstufe gedacht war. Dazu gehörten vor allem Wiederholungstäter, also solche, die nach der Freilassung wieder rückfällig geworden waren. Erstmals Inhaftierte, also nicht vorbestrafte Gefangene, konnten auch einmal ein Buch lesen und wurden nicht so streng behandelt wie Gefangene der Unterstufe. Zeigte sich der Gefangene besserungswillig und führte sich gut,

konnte eine Tischdecke und ein Wandbild die Zelle etwas gemütlicher machen.

Heute hat das Gefängnis noch einen anderen, längeren Namen bekommen. Justizvollzugsanstalt, abgekürzt JVA, heißt es offiziell. Es gibt Justizvollzugsanstalten nicht nur in den Großstädten Sachsens wie Dresden, Leipzig und Chemnitz, sondern auch in kleinen Orten. Zum Beispiel in Regis-Breitingen bei Borna. Dort steht ein ganz moderner Gefängnis-Neubau, der sogar von außen eigentlich ganz einladend aussieht. Hier sitzen nur jugendliche Straftäter, die es leider auch in diesem Alter schon gibt. In Deutschland sitzt durchschnittlich ein Promille der Bevölkerung im Gefängnis, das bedeutet jeder Tausendste. Oder anders veranschaulicht: Von tausend Plätzen im Audimax, also dem größten Hörsaal der TU Dresden, bliebe einer leer, weil jemand in den „Bau" muss.

„Sitzen" ist übrigens gar nicht das passende Wort für den Aufenthalt in einem Gefängnis. Dafür sollte man besser ein Tätigkeitswort im doppelten Wortsinn einsetzen. Denn Gefangene sitzen hier nicht einfach ihre Zeitstrafe ab und verbummeln den ganzen Tag. Nach wie vor ist es das Ziel einer Freiheitsstrafe, Menschen auf ein geregeltes Leben ohne Straftaten nach der Haftentlassung vorzubereiten. Deshalb arbeiten die Gefangenen etwas Sinnvolles und können sogar etwas für ihren Beruf lernen. Sie dürfen in einer Musikband oder einer Theatergruppe spielen und in einer Bibliothek Bücher ausleihen. Die Gefängnisbibliothek von Münster in Westfalen ist im Jahr 2007 sogar als „Bibliothek des Jahres" in Deutschland ausgezeichnet worden. Und gefoltert wird schon gar nicht mehr. Dieses Folterverbot leitet sich aus unserer Verfassung ab. Foltern missachtet die grundlegenden Menschenrechte, die auch ein

Gefangener für sich in Anspruch nehmen kann. „Im Gefängnis wird statt dessen mit Schule gefoltert", rief ein Mädchen ganz keck, was im Hörsaal und bei Professor Schulte ein Lachen hervorrief. Sie hat auf ihre Weise Recht, denn vor allem jugendliche Gefangene müssen für ihr späteres selbständiges Leben etwas lernen.

Es gibt sogar halboffene Anstalten, die nicht so scharf eingezäunt und bewacht werden müssen. Gefangene, denen man vertrauen darf, dürfen diese Gefängnisse tagsüber für ihre Arbeit oder für einen Besuch zu Hause verlassen. „Offener Vollzug" nennen das die Juristen.

Manches klingt jetzt nach einem Kuraufenthalt in einem Sanatorium, aber so ist es nun wirklich nicht. Gefangene unterliegen strengen Regeln und Beschränkungen. Sie können nicht nach Belieben den Ort wechseln, mit dem Handy telefonieren, Alkohol kaufen oder einfach Freunde treffen. Der Tageslauf ist einheitlich geregelt. Die Freiheit ist eben stark eingeschränkt.

Etwas anders war das in der Geschichte mit einem Typ von Gefängniszelle, den ihr als Schüler längst

nicht mehr kennt. Große Gymnasien und vor allem Universitäten hatten einen Karzer für aufsässige Schüler oder Studenten. Bei Verstößen gegen die Schulordnung hatte man hier einige Stunden oder Tage wirklich abzusitzen. Vor allem Studenten legten es aber geradezu auf einen Streich gegen die Obrigkeit an, um in den Karzer zu gelangen. Dort wiederum bemalten und verzierten sie die Wände mit Bildern und Sprüchen, die doch über dem Niveau vieler Toilettenkritzeleien liegen. Stolz konnten sie später unter ihren Kommilitonen damit prahlen, und heute sind die Karzer, so sie erhalten sind, beliebte kleine Museen der Schulen und Universitäten.

Warum kommt man eigentlich ins Gefängnis? Nicht, um einen Rausch auszuschlafen, wenn man volltrunken und hilflos von einem Polizisten gefunden worden ist. Dafür gibt es auch auf Polizeirevieren Gitterzellen, in denen man aber höchstens einen Tag eingesperrt werden darf. Wir hatten ja schon festgestellt, dass man nur nach einem Gerichtsurteil für längere Zeit ins Gefängnis muss. Diese Freiheitsstrafe wird verhängt, weil man etwas Verbotenes getan hat. Wer etwas stiehlt, missachtet das Eigentum der anderen. Wer jemanden schlägt oder gar mit einem Messer attackiert, missachtet dessen Recht auf körperliche Unversehrtheit.

Die Strafe dient aber nicht nur der bloßen Bestrafung wegen einer Schuld. Vor bestimmten Straftätern, Mördern zum Beispiel, muss man die Gesellschaft einfach schützen. In den schwersten Fällen wird eine lebenslange Freiheitsstrafe verhängt, wo man frühestens nach 15 Jahren überprüfen kann, ob sich der Mörder vielleicht gebessert hat. Diese Besserung ist ein sehr wichtiger Zweck des Gefängnisaufenthalts. Viele brauchen tatsächlich die Zeit, um über ihre Tat nachzudenken, und sie brauchen Hilfe, um nach der Haft wieder vernünftig mit uns leben zu können. Resozialisierung nennt man das. Deshalb werden sie nicht bloß weggesperrt, sondern wie Menschen behandelt. Dafür braucht es allerdings gutes Personal, das ausgebildet und bezahlt werden muss. Schließlich ist mit einer Gefängniseinweisung auch eine abschreckende Wirkung auf andere verbunden. Solch eine Warnung funktioniert nicht bei allen, aber es ist wichtig zu wissen, dass strafbare Handlungen nicht ohne Folgen bleiben.

Wie findet der Richter oder das Gericht nun eine möglichst gerechte Strafe? Dazu gibt es das Strafverfahren, das nach den strengen Regeln der Strafprozessordnung abläuft. Es findet in einem Gerichtssaal statt, und die Anordnung der Plätze sagt schon alles über die beteiligten Parteien und Personen. An der Stirnseite des Saales sitzt, meist erhöht hinter einem langen Tisch, das Gericht. Das kann ein einzelner Richter oder eine Strafkammer mit Beisitzern und sogar Laienrichtern aus der Bürgerschaft sein, den Schöffen. Rechts und links davor sitzen sich der Staatsanwalt und der oder die Angeklagte mit ihrem Verteidiger gegenüber. Der Staatsanwalt vertritt den Staat, das Gesetz und damit die Anklage. Der Verteidiger hilft dem Angeklagten, weil er sich in den Gesetzen gut auskennt, auch wenn er die Taten des Angeklagten nicht billigt. Oft äußert er sich auch an Stelle des Angeklagten, wenn der nicht redegewandt ist oder lieber schweigen will. Denn er ist nicht verpflichtet, vor Gericht auszusagen. Bei großen Prozessen sitzen manchmal mehrere Angeklagte mit ihren Verteidigern und mehrere Staatsanwälte an Tischen längs im Saal.

Der Richter muss nun unabhängig von der Stellung oder dem Aussehen des Angeklagten ein möglichst gerechtes Urteil finden. Dazu prüft das Gericht, ob sich die Tat tatsächlich so ereignet hat und der Täter vorsätzlich handelte, also wusste, was er tut und die Tat gewollt hat. Das ist selbstverständlich schlimmer, als wenn man etwas aus Versehen getan hat. Es prüft auch, ob der Beschuldigte voll schuldfähig gewesen ist oder ob er beispielsweise völlig betrunken war. Auch Kinder bis zum Alter von 14 Jahren sind nicht schuldfähig.

Gefängnis. Diese Bewährung ist bei Freiheitsstrafen bis zu zwei Jahren möglich. Sie ist dann oft auch an Auflagen geknüpft, zum Beispiel die, gemeinnützige Arbeit in einem Pflegeheim zu verrichten. Wer zum wiederholten Male vor einem Richter steht, muss mit einer höheren Strafe rechnen. Das muss aber nicht in jedem Fall eine Gefängnisstrafe sein. Auch Geldstrafen sind möglich, oft wieder zugunsten eines wohltätigen Vereins.

Hat das Gericht das alles festgestellt, muss es eine bestimmte Strafe verhängen. Sie muss der Person entsprechen und der Schwere der Tat. Wer einen Lolli im Supermarkt klaut, muss nicht lebenslang ins Gefängnis. Deshalb gibt es verschiedene Strafformen. Die beiden Hauptstrafen sind die Geldstrafe und die Freiheitsstrafe. Steht jemand zum ersten Mal für ein leichteres Vergehen vor Gericht, verhängt es meist eine Geldstrafe. Auch kann die Strafe zur Bewährung ausgesetzt werden. So wird man bei einer Freiheitsstrafe auf Bewährung nicht gleich eingesperrt, erhält aber eine dringende Warnung, sich korrekt zu verhalten. Für einen bestimmten Zeitraum darf man sich keine weitere Straftat zuschulden kommen lassen, sonst muss man ins

Das Gericht muss sich aber an den Strafrahmen halten, der für eine bestimmte Tat vorgesehen ist. Und wo steht das geschrieben? Im Gesetzbuch natürlich! Das Strafgesetzbuch ist eins von vielen anderen Gesetzbüchern, die lange Regale füllen. In uralten Zeiten war das noch übersichtlicher. Das erste Gesetzbuch, von dem uns das Alte Testament der Bibel berichtet, waren nämlich die zehn Gebote. Die passten auf zwei Steintafeln, die Moses von Gott auf dem Berg Horeb erhielt. In diesen zehn Geboten war im Grunde schon alles angelegt, was heute die Rechtsbibliotheken füllt. Klar, dass man

nichts Falsches von anderen behaupten oder sie gar töten darf. Im alten Rom vor 2000 Jahren waren es schon 12 Tafeln mit Vorschriften, die auf dem Marktplatz aufgestellt waren. Das Römische Recht müssen auch Jurastudenten von heute zumindest kennenlernen.

Das erste deutsche Rechtsbuch in Papierform kam aus Sachsen. Zwischen 1220 und 1230 zeichnete Eike von Repgow den berühmten Sachsenspiegel auf. Er fasste die damaligen Gepflogenheiten der Rechtsprechung und die teils drastischen Strafen zusammen. Der Sachsenspiegel wäre ein schönes Bilderbuch, wenn die Bilder etwas erfreulicher wären. Weil viele Leute damals noch nicht lesen konnten, ist er bewusst wie eine bunte Zeitschrift von heute illustriert worden. Ein Exemplar hütet auch die Sächsische Landes- und Universitätsbibliothek, nur ein paar hundert Meter vom Hörsaal der Kinder-Universität entfernt.

So schön bunt sehen unsere heutigen Gesetzbücher nicht mehr aus. Aber sie haben einen anderen Vorteil: Ein Klassiker wie der alte Sachsenspiegel heißt heute bei den Juristen „Der Schönfelder". Dieser enthält neben vielen anderen Gesetzen auch das Strafgesetzbuch und ist eine sogenannte Loseblattsammlung. Man kann also bei einer Gesetzesänderung schnell Blätter austauschen oder sogar ganze Gesetze neu einfügen. Denn das Recht entwickelt sich ja weiter, ändert sich also in bestimmten Fragen von Zeit zu Zeit. Wenn ihr Jura, also Rechtswissenschaften, studieren wollt, müsst ihr zwar nicht alle Gesetze auswendig kennen, jedoch müsst ihr lernen, wo die anzuwendende Regelung steht und sie richtig anwenden. Aber keine Angst, ein Jurastudium ist keinesfalls so trocken wie es scheint, und immer dicht am Leben. Und man kann eine Menge Berufe damit ergreifen. In der Justiz, in der Rechtspflege, hilft man im Grunde ja dem einzelnen Menschen und der ganzen Gesellschaft, auch wenn man eine Strafe verhängen muss. Die Juristen sind jedenfalls nicht schuld, wenn wir nach wie vor Gefängnisse brauchen.

Warum schwebt ein Astronaut?

Prof. Dr. Ernst W. Messerschmid, Astronaut, Physiker an der Universität Stuttgart

Ein bisschen Ehrfurcht war den Dresdner Kinderstudenten schon anzumerken. Jemand, der schon einmal an der Spitze einer Rakete in den Weltraum geflogen ist, ein richtiger Astronaut, wird angeschaut wie ein Besucher von einem anderen Stern. Nach Sigmund Jähn und Ulf Merbold war Ernst Messerschmid 1985 gemeinsam mit Reinhard Furrer der dritte deutsche Raumfahrer. Inzwischen ist er Professor in Stuttgart und erzählt auch Dresdner Kindern von seinen Erfahrungen im unendlichen Reich der Schwerelosigkeit.

Seit jeher träumen Menschen davon, wie die Vögel zu fliegen, ja noch viel weiter vorzustoßen zu den Sternen. Das Himmelsobjekt, das sie am meisten dazu angeregt hat, erscheint uns als das größte und ist auch unser nächstliegendes: Der Mond, der die Erde umkreist. Er hat die Phantasie beflügelt, die Dichter inspiriert und hängt, meist geschickt beleuchtet, über vielen Betten im Kinderzimmer. Die Babylonier haben ihn vor 2500 Jahren schon genauer beobachtet und über seine Flecken gerätselt, die wie Meere auf unserer Erde aussehen.

Natürlich wollten Menschen den Mond erreichen, ohne dass er damit etwas von seinem Zauber einbüßen müsste. Die technischen Möglichkeiten fehlten lange, und so blieb der Phantasie genügend Raum, sich eine Reise vorzustellen. Vögel, ein Himmelswagen, gar Engel und Geister sollten Menschen zum Mond transportieren. Immerhin um das Jahr

1650 reifte die Erkenntnis, dass man dafür so etwas wie eine Rakete brauchen würde.

Bis heute lesen wir die utopischen Bücher des französischen Schriftstellers Jules Verne gern. In ihnen mischen sich neue Möglichkeiten des technischen Zeitalters mit haarsträubenden Unmöglichkeiten, mit Witz und Phantasie. „Von der Erde zum Mond" hieß sein 1865 erschienenes Buch, das eine Mondreise beschreibt. Vieles, was dort beschrieben ist, nahm Einzelheiten der über 100 Jahre später erfolgten ersten Mondexpedition auf erstaunliche Weise vorweg, zum Beispiel die Landung mit einer Kapsel. Über die Vorstellung, man könne sie mit einer Kanone zum Mond schießen, können wir aber heute nur ebenso lachen wie über ähnliche Geschichten des Lügenbarons Münchhausen.

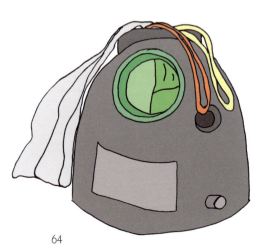

Das 20. Jahrhundert vollzog die entscheidenden Schritte vom Traum zur Verwirklichung der Raumfahrt-Idee. Deutsche Wissenschaftler und Ingenieure waren dabei lange führend. 1927 gründete sich im schlesischen Breslau der „Verein für Raumschiffahrt". Sein Vorsitzender Hermann Oberth gilt als einer der Pioniere der Raumfahrt. Mit dabei war damals schon ein 17-jähriger Schüler namens Wernher von Braun. Er war seither fasziniert von dem Gedanken, große Raketen zu bauen und hat Jahrzehnte später bei den Amerikanern die riesigen Trägerraketen entworfen, mit denen man die Erdatmosphäre verlassen und die Anziehungskraft der Erde überwinden kann.

Zunächst aber wurde die Raketenforschung schlimmerweise ganz in den Dienst der deutschen Wehrmacht gestellt. Von der V1 und V2, mit denen England beschossen wurde, habt ihr bestimmt schon gehört. Nach dem Zweiten Weltkrieg standen sich mit der Sowjetunion und den Vereinigten Staaten von Amerika zwei Großmächte gegenüber, die sich auch einen Wettlauf um die Vormacht im Weltraum lieferten. Der „Kalte Krieg" beherrschte die Weltpolitik. Man kann daran sehen, wie stark der alte

Menschheitstraum von einem Weltraumflug weiterwirkt. Zuerst einen künstlichen Himmelskörper in den Weltraum zu schießen, ja sogar einen Menschen, bedeutete einen riesigen Erfolg und verschaffte weltweites Ansehen. Man konnte politisch damit angeben.

Zunächst hatte die Sowjetunion die Nase vorn. 1957 umkreiste der unbemannte „Sputnik", kaum größer als ein Medizinball, als erster künstlicher Satellit die Erde. Am 12. April 1961 umrundete dann Juri Gagarin als erster Mensch in einem „Wostok"-Raumschiff ein Mal die Erde. Kosmonauten hießen die Raumfahrer der Sowjetunion. Die Amerikaner zogen mit ihren Astronauten bald nach und überholten die Sowjetunion bei einem anderen wichtigen Ziel, eben dem Flug zum Mond. Auch eine Prestigeangelegenheit, also ein Ziel, bei dem es um Ehre und Ansehen ging. Der amerikanische Präsident John F. Kennedy hatte kurz nach Gagarins legendärem Flug angekündigt, dass noch im gleichen Jahrzehnt Amerikaner zum Mond fliegen werden. Am 20. Juli 1969 landete die Landefähre von Apollo 11 tatsächlich auf dem Mond. Dafür war eine gewaltige Trägerrakete notwendig, die Saturn 5. Man kann

sie heute noch im Weltraummuseum des amerikanischen Raketenstartplatzes Cape Canaveral auf Florida besichtigen und sich ganz winzig neben der Rakete fühlen. Sechs Mal landeten Apollo-Landefähren erfolgreich auf dem Mond. Dann begann eine andere Ära der Raumfahrt. Die Amerikaner entwickelten eine wiederverwendbare Raumfähre, den Spaceshuttle. Die Sowjetunion, der nur die unbemannte Monderkundung mit dem „Lunochod"-Mondmobil gelungen war, setzte auf den Bau von Raumstationen, die die Namen „Saljut" und „Mir" trugen, übersetzt „Frieden". Erst nach dem Ende des russisch-amerikanischen Wettlaufs, nach 1990, kooperierten beide, so für den Aufbau der neuen gemeinsamen Raumstation ISS.

Wo blieben die Europäer? Und wie kam endlich auch ein Deutscher ins All? Auch das war nur durch Zusammenarbeit mit der amerikanischen Weltraumbehörde NASA möglich. 1983 flog erstmals das europäische Weltraumlabor „Spacelab" als Gast in einem Spaceshuttle mit. Eine Röhre von etwa acht Metern Länge und viereinhalb Metern Durchmesser, das Labor-Modul, wurde in den Laderaum der Raumfähre eingeschoben. Mit der Entwicklung der Raumfahrt ergaben sich auch für europäische Wissenschaftler neue berufliche Möglichkeiten. Man konnte sich als Astronaut oder für die umfangreichen Vorbereitungen der Flüge am Boden bewerben. Ernst Messerschmid hatte als Physiker mit einem Doktortitel die ideale Ausbildung und war auf der Suche nach einer guten Arbeit. Da entdeckte er eine Zeitungsanzeige „Astronauten gesucht!", bewarb sich rechtzeitig und – wurde angenommen. Dann kam er nach harter Ausbildung auch noch in die engere Auswahl und durfte 1985 für sieben Tage in den Weltraum fliegen.

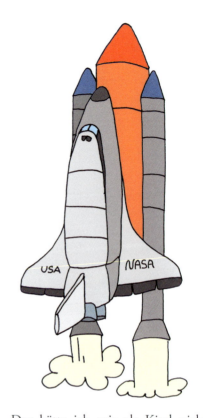

„Das hätte ich mir als Kind nicht träumen lassen", sagt er heute und erinnert sich an die Aufregung besonders in den letzten Stunden vor dem Start. Am Abend zuvor war er in Cape Canaveral noch einmal an der Startrampe vorbeigejoggt. Die Rakete war schon voll getankt mit Wasserstoff und Sauerstoff. Der muss, um flüssig zu bleiben, stark gekühlt werden, und so dampfte die Rakete geheimnisvoll und bedrohlich zugleich. „Weiche Knie" habe er bei dem Gedanken bekommen, sich sozusagen auf eine Bombe mit 2000 Tonnen Sprengstoff zu setzen, erzählt er.

Nach kurzem Schlaf und eineinhalb Stunden Vorbereitung war es dann soweit. Die Startphase sei wie ein achtminütiger „Tritt in den Hintern" gewesen, scherzt Professor Messerschmid. Gemeint ist die starke Beschleunigung, der die Astronauten ausgesetzt sind, ähnlich der in einem Rennwagen, wenn er in wenigen Sekunden auf mehr als hundert Stundenkilometer loslegt. Die Raumfähre drehte sich außerdem, man hing mit dem Kopf nach unten Richtung Atlantik und wusste bald gar nicht mehr, wo oben und unten ist. Die zusätzlichen Feststoffraketen wurden abgeworfen, sobald sie leergebrannt waren. Nach einer Viertelstunde befand sich der Spaceshuttle schon über Europa. Den Sternen ist man in dieser Höhe kaum näher, aber man sieht sie klarer. Denn die Atmosphäre mit ihren Wettererscheinungen verschleiert den Blick nicht mehr. Dafür sieht man das Erdenwetter mit den Wolken nun von oben.

Jetzt sind wir bei unserer Ausgangsfrage nach dem schwebenden Astronauten angekommen. Denn die Raumfähre hat in unserem Beispielflug mittlerweile eine Geschwindigkeit und eine

Höhe über der Erdoberfläche erreicht, wo Menschen und Gegenstände schwerelos erscheinen. Bilder von Astronauten, die nach umherfliegenden Krümeln oder Wassertropfen schnappen, habt ihr wahrscheinlich alle schon einmal gesehen und gelacht.

Wie kommt das? Warum schwebt ein Astronaut? Man kann diesen Zustand mit einem Gedankenexperiment erklären, das ein bisschen makaber erscheint. Ihr kennt alle das Gefühl, wenn ein schneller Fahrstuhl abwärts startet oder wenn ihr mit der Riesenrad-Gondel abwärts fahrt. Für einen Moment scheint man zu schweben, wird einem seltsam leicht und gleich-

zeitig mulmig im Bauch. Stellt euch nun vor, das Seil vom Aufzug würde reißen und der Fahrstuhl abwärts sausen. Das möge nie passieren, aber in diesen zwei, drei Sekunden bis zum Aufschlag wäre ein Körper kräftefrei und praktisch schwerelos.

Einem Ball, der nach unten fällt, ergeht es nicht anders. Auf alle Körper wirkt die Schwerkraft, die Erdanziehungskraft, eine Eigenschaft großer Massen. Ein Körper, der ihr nachgibt und fällt, ist in diesem Moment frei und schwerelos. Wir sprechen folgerichtig vom „freien Fall". Jetzt geben wir dem Ball zusätzlich noch eine horizontale Richtung. Wir werfen ihn also, so weit wir können. Er fällt bekanntlich auch herunter, aber ein Stückchen weiter weg. Hätten wir so viel Kraft wie eine Rakete, könnten wir den Ball so stark beschleunigen, dass er sozusagen über den Horizont hinausfliegt und nie herunterfällt. Er fällt stattdessen, bildlich gesprochen „um die Erde herum". Denn die Erde ist eine Kugel, auch wenn es manche immer noch nicht glauben wollen. Schwerelosigkeit ist also so etwas wie ständiges Fallen. Das Tempo, das eine Rakete mit einer Astronautenkapsel an der Spitze dafür erreichen muss, ist allerdings ein bisschen höher, als ein

Ball fliegt oder ihr mit dem Fahrrad strampeln könnt. Unvorstellbare 28 000 Kilometer pro Stunde muss ein Raumschiff erreichen, um in eine Erdumlaufbahn eintreten zu können. Man nennt dieses Tempo auch die erste kosmische Geschwindigkeit. Hinzu kommt noch, dass die Erdanziehungskraft mit wachsender Entfernung immer kleiner wird. Weit draußen im Weltraum ist sie kaum noch zu spüren. Sie hängt übrigens von der Größe eines Planeten oder Himmelskörpers ab. Deshalb konnten die Mondfahrer auf dem Mond, der viel kleiner ist als die Erde, weitere Sprünge als ein Känguru auf der Erde machen.

Trainiert wird das Verhalten in der Schwerelosigkeit zum Beispiel beim Steilflug von Flugzeugen. Oben in der Raumfähre oder in der Raumstation ist das dann zumindest für den Betrachter eine lustige Sache. Die Kinder-Kommilitonen der Dresdner Kinder-Universität hatten jedenfalls viel Spaß beim Anschauen der Kurzfilme aus der Raumstation. Ein Rock'n' Roll lässt sich prima tanzen, und der Mütze, die dabei wegfliegt, muss man geschickt nachjagen. Denn alles, was einmal einen Impuls bekommen hat, fliegt in diese Richtung weiter. Verpa-

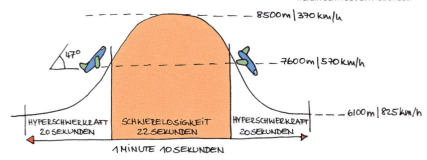

8500m | 370 km/h

47°

7600m | 570 km/h

6100m | 825 km/h

HYPERSCHWERKRAFT
20 SEKUNDEN

SCHWERELOSIGKEIT
22 SEKUNDEN

HYPERSCHWERKRAFT
20 SEKUNDEN

1 MINUTE 10 SEKUNDEN

ckungen zum Beispiel, auf die man drei Mal so sorgfältig achten muss wie auf der Erde. Flüssigkeiten wie Wasser oder Orangensaft verhalten sich auch völlig anders als auf der Erde. Ist bei uns ein Wasserhahn undicht, bildet sich ein Tropfen, der sich in die Länge zieht und bald abreißt. Im Weltraum bleibt der Tropfen stattdessen stabil und wird immer größer. Man kann ihn durch die Raumstation verfolgen, man kann ihn mit einem Faden teilen, ja man kann sogar einen Zierfisch in einem großen Tropfen halten. Ein herrliches Spielzeug für Astronauten! Die Frage liegt nahe, wie Astronauten dann pullern, ohne dass sich Urintropfen in der Station verteilen? Gar nicht so amüsant. Dafür müssen sich die erwachsenen Frauen und Männer wieder an Pampers gewöhnen …

Schütten wir auf der Erde Sand in ein Wasserglas, so müssen wir ständig rühren, damit der Sand im Wasser verteilt wird. Im Weltraum fehlt die Schwerkraft. Der Sand setzt sich also

nicht am Boden ab, sondern bleibt gleichmäßig verteilt. Ein Verhalten, das sich hervorragend zur Entwicklung neuer Werkstoffe und Materialien nutzen lässt. Man kann Legierungen, also flüssige und dann wieder abgekühlte Metallverbindungen, aus leichten und schweren Metallen herstellen. Blei zum Beispiel bleibt im leichten Aluminium gleichmäßig verteilt und verbessert die Gleiteigenschaften von Achs-Lagern. Auf diese Weise kann man Härte, Hitzebeständigkeit oder die elektrische Leitfähigkeit von unterschiedlichen Werkstoffen beeinflussen.

Damit sind wir schon bei einigen Experimenten, wegen denen Wissenschaftler in einem Weltraumlabor mitfliegen. Es geht also um sehr nützliche Forschung für die Anwendung auf der Erde. So lassen sich viel größere Kristalle züchten als

69

auf der Erde, zum Beispiel Kristalle, die in Enzymen vorkommen. Enzyme sind Katalysatoren, Beschleuniger, die unsere Nahrung für die Verdauung aufspalten. Medizinische Experimente am eigenen Körper helfen auch den Menschen auf der Erde. Die Messung des Augeninnendrucks mit einem sogenannten Tonometer ist ein solches Beispiel. Der Augeninnendruck hängt mit dem Blutkreislauf zusammen und gibt besonders bei älteren Patienten Aufschluss über ihr Risiko, an der Augenkrankheit Grüner Star zu erkranken. Der Druck ist erstmals 1985 bei der deutschen „Spacelab"-Mission in verschiedenen Flugphasen gemessen worden. Je schwereloser der Körper wird und schwebt, desto mehr verlagern sich Blut und Gewebeflüssigkeiten nämlich in die obere Körperhälfte. Sonst ist unser Körper ja auf das Leben im Schwerefeld der Erde eingerichtet. Nun bekommt der Astronaut dünne Beine, die Amerikaner sprechen sogar von „chicken legs", also von Hühnerbeinen. Dafür wirkt das Gesicht voller und jugendlicher. Ein Raumflug gleicht also einer Verjüngungskur.

Von anderen Veränderungen, die mit dem Körper bei einem Raumflug vor sich gehen, habt ihr bestimmt auch schon gehört. Sprichwörtlich ist die Raumkrankheit, die der Seekrankheit auf Schiffen bei schwerer See ähnelt. Das allgemeine Unwohlsein hat etwas mit dem gestörten Gleichgewichtssinn zu tun. Außerdem verlieren die Knochen an Substanz, ungefähr ein Prozent im Monat – ein Hundertstel also. Den Muskeln ergeht es nicht viel besser. Um dem zu begegnen, trainieren Astronauten fleißig und ernähren sich möglichst gesund. Sie sind damit Vorbilder für uns auf der Erde. Gegen beide Verfallserscheinungen können Schüttelbänder helfen. Vielleicht wird das eines Tages eine wirksame Therapie gegen den Knochenschwund, die

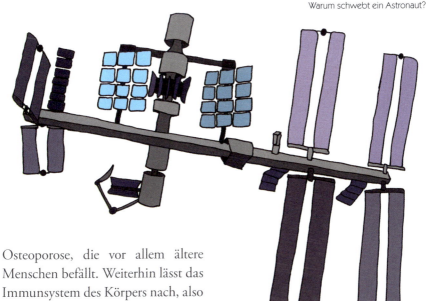

Osteoporose, die vor allem ältere Menschen befällt. Weiterhin lässt das Immunsystem des Körpers nach, also die Widerstandsfähigkeit gegen Infektionen mit Krankheitskeimen. Die Lungen werden nicht mehr so trainiert, und schließlich gibt es auch keine Lufthülle, die vor verstärkter Weltraumstrahlung schützt.

Die Luft, die Erdatmosphäre, fehlt auch noch in anderer Hinsicht. Auf der Erde gleicht sie nämlich die Temperaturunterschiede aus, zum Beispiel die zwischen Licht und Schatten. Darauf kann ein Astronaut nicht bauen, wenn er an der Internationalen Raumstation ISS (International Space Station) Außenarbeiten ausführen muss. Und die sind nötig, wie man sich denken kann, um die von der Erde transportierten Teile zusammenzufügen. Dabei hat er einen luftdichten Raumanzug an, nicht nur, um wie ein Taucher Luft zum Atmen zu haben, sondern auch wegen des Wärmeausgleichs. Scheint die Sonne darauf, erwärmt er sich auf der Sonnenseite bis auf plus 150 Grad. Ein paar Zentimeter daneben im Schatten herrschen dagegen Temperaturen von minus 150 Grad. Hier braten, da tiefkühlen – wer hält das aus? Die Funktion der Luft muss ausgleichende Spezial-Unterwäsche übernehmen. Sie enthält kleine Wasserkanäle, die für den Wärmetransport sorgen.

Bei einem solchen Ausflug in den Weltraum hängt der Astronaut selbstverständlich an einem Sicherheitsseil.

Denn wir wissen ja bereits, dass im Raumschiff oder im Weltraumlabor einmal angestoßene Gegenstände ungebremst weiterfliegen. Das geht dem Astronauten nicht anders. Stößt er sich von der Raumstation ab, kann er nicht einfach zurückrudern und würde in den Weltraum entschweben, gäbe es das Seil nicht. Höchstens mit einer kleinen Rakete am Popo könnte er sich sonst wieder Richtung Station bewegen.

Ist also eine riskante Sache, solch ein Raumflug, so spannend und aufregend er sein mag. Auch der Rückflug mit dem Widereintritt in die Erdatmosphäre ist eine heikle Angelegenheit. Professor Messerschmid kehrte nach einer Woche wieder zurück und erinnert sich genau. Der Shuttle wird gedreht, in seinem Fall etwa über Australien, und fliegt mit den Triebwerken voran. Mit ihnen kann er abgebremst werden und verlässt die Kreisbahn um die Erde. Je näher er der Erde kommt, desto dichter wird die Atmosphäre wieder. Luft ist Luft, denkt ihr. Aber vom Radfahren und Autofahren wisst ihr, dass Luft nicht Nichts ist und bewegten Gegenständen einen Widerstand entgegensetzt. So ergeht es auch dem Shuttle. Weil er so ungeheuer schnell ist, entsteht starke Reibung mit der Luft und es wird mächtig heiß. Viel heißer, als wenn

ihr mit einer dünnen Hose eine Rutsche hinunterrutscht. Dafür braucht der Shuttle einen Hitzeschild. Er muss dann auch noch im richtigen Winkel in die Erdluft eintauchen, damit die Kacheln auf dem Hitzeschild nicht zu heiß werden. Mit dem richtigen Winkel muss er schließlich auch wie ein Flugzeug landen, wobei er mit seinen kleinen Flügeln viel steiler als ein übliches Flugzeug herunterkommt.

Schwer fallen oft die ersten Schritte in der Schwerkraft der Erde wieder. Würdet ihr euch trotzdem wie Professor Messerschmid für einen Raumflug bewerben wollen? Die erste Phase der Mondflüge und das deutsche Spacelab sind zwar erst einmal vorüber. Aber die amerikanische Weltraumbehörde NASA und ihr europäisches Gegenstück ESA mit Sitz in Paris sind nicht etwa untätig. Von der internationalen Raumstation ISS war schon die Rede. Etwa 2010 sollen die zehnjährigen Aufbauarbeiten abgeschlossen sein. Beteiligt sind daran sehr ungleiche Partner: die USA, Russland, Europa, Japan und Kanada. China betreibt inzwischen seine eigene Weltraumfahrt. Der wichtigste deutsche Beitrag für die ISS ist das im Februar 2008 gestartete neue Weltraumlabor „Columbus". Es gibt kaum ein Forschungsgebiet, auf dem hier nicht gearbeitet wird. Lebenswissenschaften, also Medizin und Biologie vor allem, Erdkunde und Astronomie, Physik und Industrieforschung. Auch als Startrampe, als eine Art Weltraumhafen für Flüge zu weiter entfernten Himmelskörpern kann die ISS dienen.

Denn der gute alte Mond lockt wieder. Die amerikanische NASA plant bis 2020 wieder Flüge dorthin. Die Landefähren werden dann aber ungefähr drei Mal größer sein als bei den Apollo-Missionen und große Instrumente auf den Mond transportieren können. Und dann gibt es ja noch den Traum vom Flug auf unseren nächsten Planeten im Sonnensystem, den Mars. Unbemannte Sonden waren schon auf dem „Roten Planeten". Und der Raketenkonstrukteur Wernher von Braun glaubte, dass schon 1982 der erste Mensch den Mars betreten könnte. Doch ein Marsflug kostet nicht nur viel Geld, er bringt auch viele ungelöste Probleme. Er guckt uns nämlich nicht scheinbar zum Greifen nah ins Schlafzimmerfenster wie der „nur" 400 000 Kilometer entfernte Mond. Der Mars ist mindestens 150 Millionen Kilometer entfernt, und allein der Hinflug würde mindestens ein halbes Jahr dauern. Halten Menschen das aus? Und dann muss man auch noch eine günstige Stellung von Erde und Mars zueinander erwischen, sonst wäre man noch viel länger unterwegs. Das nächste Zeitfenster dafür wäre das Jahr 2033. Vielleicht seid ihr dann dabei?

Warum werden wir alt?

Prof. Dr. Elisabeth Knust, Entwicklungsbiologin aus Dresden

Bloß nicht alt werden! Viele Menschen fürchten sich davor. Man sieht nicht mehr so frisch aus, alles geht langsamer, man wird vergesslich und ist am Ende auf ähnliche Hilfe angewiesen wie ein Kleinkind. Deshalb gibt es in den Drogerien die Schmiere für die Gesichtsfalten zu kaufen, werden der Siebenlebensbrei und das Wässerchen Tausendgut angeboten, kann man zur Verjüngungskur fahren, um das ewige Leben zu erhalten. Warum die Menschen immer jung und knackig bleiben wollen, darüber werden wir in der Kinder-Universität bestimmt auch noch einmal nachdenken. Das hat mit der Angst vor dem Alter und vor dem Sterben zu tun, das wir doch höchstens hinauszögern, aber nicht vermeiden können.

In dieser Vorlesung geht es darum, genauer zu erklären, was eigentlich in unserem Körper passiert, wenn wir älter und müder und faltenreicher werden. Frau Professorin Knust schaut bei ihren Forschungen in die Körperzellen hinein, auf die kleinsten Bausteine des Lebens, wo einige dieser Geheimnisse schlummern. Vieles wissen aber auch die gescheitesten Professoren auf diesem Gebiet noch nicht. Denn das Altern ist nicht nur auf eine einzige Ursache zurückzuführen. Viele Einflüsse tragen dazu bei. Und eines gleich vorweg: Die Wissenschaftler werden das Geheimnis des ewigen Lebens auch nicht finden. Dem Gesetz von Alter und Tod müssen wir uns alle beugen.

Am besten, man stellt sich also darauf ein. So, wie Frau Knust kein Problem damit hatte, die Kinder zu fragen, warum sie selbst schon älter, aber wirklich nur ein bisschen älter aussehe? Eine Kavaliersregel besagt ja, dass man Damen nie nach ihrem Alter fragt und immer so tut, als seien sie stets jung und frisch. Das können sich die Jungs schon einmal merken. Woran erkennt man denn nun, dass jemand schon ein paar Lebensjahre mehr auf dem Buckel hat, wie es die Redensart recht anschaulich sagt? „Das sieht man doch", werden die meisten spontan antworten. Tatsächlich schätzen wir das Alter von

Menschen auf den ersten Blick meist ungefähr richtig, wenn wir nicht gerade ein Kompliment machen wollen, dass jemand ach so viel jünger aussehe. Aber woran sehen wir es im Einzelnen? Tatsächlich am Buckel, derb ausgedrückt, wenn jemand also gebeugt geht. Wenn er Falten im Gesicht bekommt, schlaffere Haut, weiße Haare oder Glatze und schlechte Zähne.

Wir wissen auch ungefähr, welche Lebenserwartung wir haben. Dabei müssen wir das Alte Testament der Bibel nicht unbedingt wörtlich nehmen. Demnach soll Noah, ihr wisst, das ist der Erbauer der Arche, 900 Jahre alt geworden sein. Nur sehr wenige Menschen erreichen die runde

Hundert, und der älteste lebende Mensch soll 122 Jahre alt sein. Im Durchschnitt werden Frauen in Deutschland etwa 82 Jahre und Männer etwas weniger als 77 Jahre alt. Vermutlich verkürzen sich Männer mit ihrer ungesünderen Lebensweise ihr Leben selbst. Der Anstieg der Lebenserwartung insgesamt hat nämlich auch etwas mit den verbesserten Lebensbedingungen in den vergangenen Jahrzehnten zu tun.

Bei Tieren ist die Spannweite riesig groß. Die berühmte Eintagsfliege lebt tatsächlich nur ein bis vier Tage. Eine Maus schafft es mit höchstens vier Jahren nach menschlichen Maßstäben gerade so in den Kindergarten. Eine Kuh wird bei guter Pflege bis zu 25 Jahre alt, ein Elefant 70. Viele meinen, die Schildkröte im Rentenalter von 150 Jahren wäre das Tier auf der Erde, das am ältesten wird. Doch die Islandmuschel bringt es auf sagenhafte 400 Jahre. Stellt euch vor, die Muschel lebte an der Elbe. Dann hätte sie ein Dresden gesehen, das noch sehr viel kleiner war als heute und

gerade erst über seine Stadtmauern hinauswuchs. Und der Fürstenzug am Johanneum war noch längst nicht vollständig. Die damals regierenden Kurfürsten Christian I. und Christian II. reiten heute ziemlich in der Mitte.

Es muss also so etwas wie eine Lebensuhr geben, die wie ein Küchenwecker gestellt wird, zurückzählt und dann stehen bleibt. Die Wissenschaftler sprechen tatsächlich von einer biologischen Uhr. Was läuft dabei im Körper ab? Bleiben wir bei einem Beispiel aus der Küche. Wer dort beim Zwiebelschneiden nicht aufpasst, hat schnell einen Schnitt vom scharfen Messer im Finger. Das zwiebelt erst einmal und es kommt Blut und später ein Schorf. Aber schon nach einer, spätestens zwei Wochen sieht man fast nichts mehr. Schlimmstenfalls bleibt eine Narbe. Dieses kleine Wunder schafft eine ganz phantastische Sorte Zellen, die wir in vielen Geweben unseres Körpers, so auch in der Haut besitzen. Sie heißen Stammzellen, und bei diesem Begriff könnt ihr getrost an einen Baum denken. Aus dessen Stamm verzweigen sich auch viele Äste, werden zu Zweigen, Blättern, Blüten oder Früchten. Die Stamm-

zelle ist ein ähnliches Multitalent. Aus ihrem Universalmaterial können viele andere Zellformen des Körpers gebildet werden. Sie sind also Mehrzweck-Reparaturzellen, die unseren Körper ständig erneuern. Das passiert nicht nur nach einer Verletzung mit dem Küchenmesser oder bei einer Schürfwunde auf dem Fußballplatz. Die Stammzellen sind ständig am Werk, im Blut, in den Knochen, in den Haaren. Sie erhalten uns so jung, wie wir eben sein können – oder uns fühlen.

Aber auch die tollen Stammzellen sind nicht unsterblich. Je älter ein Mensch wird, desto häufiger sterben sie auch. Ihre Eigenschaften verändern sich. Die Bildung neuer Zellen dauert länger, sie sind einfach nicht mehr so frisch.

Warum bleiben die Stammzellen nicht ewig jung? Da haben wir solch eine Frage, die auch die klügsten Forscher noch nicht restlos beantworten können. Aber einige Erklärungsmuster gibt es schon. Das erste hat eben mit ihrer Eigenschaft zu tun, alle möglichen anderen Zellen bilden zu können. Dazu muss sich die Stammzelle teilen. Bei dieser Teilung entstehen zwei Zellen, wovon die eine wieder eine Stammzelle ist. Dass unser Körper aus Zellen besteht, wie eine Zelle aufgebaut ist und wie sie sich durch Teilung vermehrt, ist im ersten Buch der Dresdner Kinder-Universität schon einmal beschrieben worden. Zur Erinnerung: Das Wichtigste an der Zelle, sozusagen ihre Schaltzentrale oder ihr Hauptspeicher, ist der Zellkern. Die Informationen über unsere „Bauart", unser Aussehen, unser Wesen sind im Kern in den Chromosomen gespeichert. Die sehen ähnlich aus wie zwei winzige gekreuzte Pommes-Stäbchen. 46 von ihnen besitzt der Mensch in jedem Zellkern.

Wenn sich die Zelle teilt, muss sich auch der Zellkern teilen. Die Chromosomen verdoppeln sich und werden anschließend gleichmäßig auf die beiden Tochterzellen verteilt. Bei der Verdopplung kann etwas passieren wie bei einer Kopie in einem schlechten Kopierer. Die Enden der Chromosomen verdoppeln sich nicht richtig, sie brechen sozusagen ein Stückchen ab. Telomere heißen diese Enden mit dem Fachwort, und man kann sie sich wie Endkappen oder wie einen Klecks Ketchup an dem Chromosomen-Pommes-Stäbchen vorstellen. Bei folgenden Teilungen

setzt sich dieser Defekt fort. Das Chromosom wird immer ein Stückchen kürzer. Frau Professorin Knust hat diesen Vorgang mit einem verrückten Eisenbahnzug verglichen, der ständig Wagen verliert. Irgendwann ist die Lokomotive dran, und dann fehlt die entscheidende Information. Die Zelle kann sich nicht mehr teilen und stirbt. Je mehr Zellen das betrifft, desto deutlicher bemerken wir die äußerlichen Folgen. Man sieht, hört oder riecht schlechter, die Gelenke rosten und die Knochen verlieren ihre Elastizität und werden spröder.

Apropos Rost! Das Stichwort führt uns auf eine zweite Erklärung, warum wir altern. Wie ein rostiges Auto auf dem Autofriedhof aussieht, weiß jedes Kind. Es klingt zunächst weit hergeholt, dass der Rost an Autos oder Fahrrädern etwas mit Vorgängen in unserem Körper zu tun haben könnte. Aber beim Rosten reagiert auch das Eisen mit Wasser und dem in der Luft enthaltenen Sauerstoff. Etwas Ähnliches geschieht, wenn man einen Apfel aufschneidet und an der Luft liegen lässt oder eine Banane schält. Auch sie werden braun. Oxidation nennt man allgemein die chemische Reaktion, wenn sich eine

Substanz mit Sauerstoff verbindet. Wir kennen das vom offenen Feuer, wenn kohlenstoffhaltiges Holz oder eben Kohle mit dem Luftsauerstoff verbrennt. Solch eine „Verbrennung" findet auch

in unserem Körper statt. Beim Mittagessen aufgenommene oder in den – meist unbeliebten – Speckröllchen am Bauch gespeicherte Fette und Kohlenhydrate werden oxidiert, damit wir kuschelwarm bleiben und dreimal um den Sportplatz rennen können. Den dafür nötigen Sauerstoff holen wir uns beim Atmen aus der Luft. Deshalb japsen wir beim Sport auch heftiger, weil wir mehr Energie und damit mehr Sauerstoff für die Verbrennung benötigen. Das Blut mit seinen roten Blutkörperchen transportiert ihn zu den Körperzellen.

So lebenswichtig diese Oxidationsvorgänge sind, so haben sie wie alle Dinge im Leben doch eine Nebenwirkung. Es entstehen nämlich Nebenprodukte, die gar nicht so gut, ja sogar giftig für uns sind. Sie werden Radikale genannt. Bitte nicht zu verwechseln mit den politisch Radika-

len, die extreme Anschauungen oft mit Gewalt vertreten. Aber eine begriffliche Verwandtschaft gibt es schon. Denn die Radikale heißen so, weil sie schnell, also radikal Verbindungen mit anderen Stoffen eingehen. Sie entstehen auch durch schädliche Umwelteinflüsse, zum Beispiel bei zu langem Sonnenbaden mit Sonnenbrand oder durch Zigarettenrauch.

Ganz machtlos ist die Zelle dagegen aber nicht. Sie versucht, die Radikale loszuwerden und schickt ihre Radikalfänger los. Diese kleinen Gesundheitspolizisten heißen tatsächlich so, und sie haben etwas mit den berechtigten Mahnungen zu tun, sich ge-

sund zu ernähren. Sie müssen näm-lich mit dem Essen aufgenommen werden und finden sich weniger in Gummibärchen als in Obst und Ge-müse. Das viel beschworene Vitamin C gehört zu den Radikalfängern. Dass es so wirkt, kann man mit ei-nem anschaulichen Experiment zei-gen. Wenn wir einen Apfel aufschnei-den und nur eine der beiden Hälften

mit Vitamin C beträufeln, sehen wir den Unterschied. Diese bleibt hell, während die andere wie gewohnt braun wird.

Nun könnten ja die ganz Schlauen unter euch auf eine raffinierte Frage kommen: Wenn wir weniger essen würden, würde unser Körper auch weniger verbrennen und also weniger

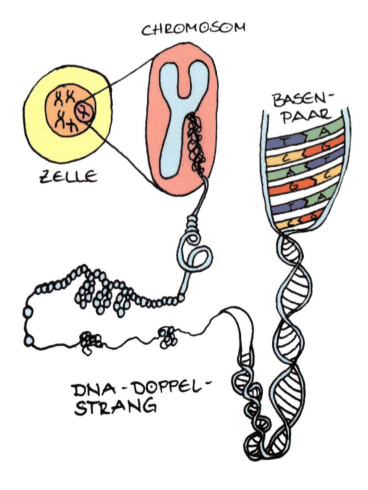

schädliche Radikale erzeugen? Noch kürzer: Könnten wir durch Fasten unser Leben verlängern? An Menschen selbst kann man solche Versuche natürlich nicht durchführen, das wäre nicht menschenwürdig. Aber Tiere können uns in der Wissenschaft oft helfen. Die „Lieblingstiere" von Biologen wie Elisabeth Knust sind zum Beispiel der kleine, nur ein Millimeter lange Fadenwurm aus der Gartenerde, die Tau- oder Obstfliege und die Maus. Ein Versuch mit der Maus hat tatsächlich ergeben, dass sie bei weniger Futter runde zwei Jahre länger, also 6 Jahre lebt. Die Vermutung liegt nahe, dass dies tatsächlich an der geringeren Produktion von Radikalen liegt. Ganz gewiss ist diese Erkenntnis aber noch nicht.

Auf dem Weg zu mehr Alters-Weisheit im biologischen Sinn wollen wir schließlich noch einmal nach der biologischen Uhr fragen. Wer steuert und stellt sie eigentlich? Das traurige Schicksal von Menschen, die an einer seltenen Krankheit leiden, gibt darauf eine Antwort. Ihnen sieht man nämlich ihr Alter nicht an. Ein 15-jähriger Junge kann wie ein alter Mann aussehen, wenn er einen genetischen Defekt hat. Was ist ein Gen, was ist eine genetische Information?

Für eine Antwort müssen wir noch einmal genauer in die Chromosomen des Zellkerns hineinschauen, in denen ja unsere gesamte „Bauanleitung" gespeichert ist. Diese Gene, diese vererbte Information, sitzt in einem interessanten Molekül, das aussieht wie ein doppelter Korkenzieher, wie eine doppelte Spirellischlange. Sie hat einen ebenso klangvollen wie komplizierten Namen: Desoxyribonukleinsäure, abgekürzt DNA. Zwischen den beiden gewundenen Strängen sitzen Brücken mit vier verschiedenen Bausteinen. In der Reihenfolge dieser vier „Buchstaben" ist unsere Erbinformation gespeichert, die viele unserer Eigenschaften, wie etwa unser Aussehen, aber auch unsere innere Uhr festlegt.

Diese Buchstaben können auch fehlerhaft angeordnet sein wie beim Schreiben und dann einen anderen Sinn ergeben. Verändert man an dem Wort „Butter" jeweils nur einen Buchstaben, landet man bei „Mutter", dann bei „Muster" und so weiter. Bei Lebewesen hat eine solche Veränderung, man nennt sie Mutation, schwerwiegende Folgen. Innere und äußere Eigenschaften verändern sich, und auch die innere Uhr, die Lebensuhr kann verstellt werden. Sie kann früher ablaufen, aber das Leben unseres Fadenwurms kann sich auch von 20 Tagen plötzlich auf das Vierfache verlängern. Solche Mutationen gibt es bei allen Lebewesen. Sie richten Schaden an, sorgen aber zugleich für die Entwicklung von Arten, für neue Formen. In der Pflanzenzüchtung sind sie sogar gewollt und können zu neuen Blütenformen oder zu einem gegen Schädlinge widerstandsfähigen Getreide führen.

Noch nie hat es aber eine Mutation gegeben, die die biologische Uhr rückwärts gehen lassen würde. Den Jungbrunnen gibt es nicht, wie ihn der Maler Lucas Cranach der Ältere zu der Zeit vor 400 Jahren gemalt hat, als die Islandmuschel gerade geboren wurde. Das wissen schon die Kinder, auch wenn manches alte Volkslied davon träumt. Als Opa in dieses Wunderbad steigen und als Kommilitone der Kinder-Universität wieder herauskommen? Und das beliebig oft? Zum guten Schluss könnt ihr einmal gründlich darüber nachdenken, ob das wirklich erstrebenswert wäre.

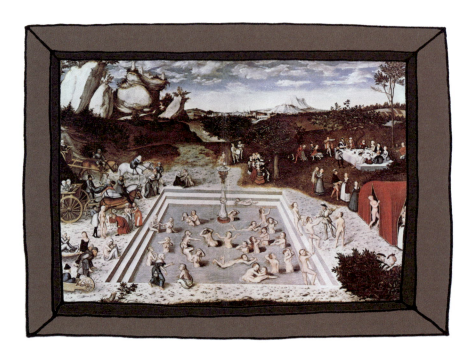

Warum wissen Körper so viel?

Prof. Ines Geipel, ehemalige Leistungssportlerin und Schriftstellerin

rufsmäßigen Nachdenker über unser Leben, haben Körper und Geist lange in einem Gegensatz gesehen. Man nennt das einen Dualismus, wenn zwei Erscheinungen unseres Daseins so selbständig betrachtet und einander gegenübergestellt werden. Auch die christliche Religion in unserem westlichen Kulturkreis hat im Körper eher einen lästigen Ballast gesehen, über den der Geist bestimmen muss. Mit dem Willen soll man seinen Körper beherrschen. Denn der Körper muss sterben, der Geist oder die Seele aber ist unsterblich.

Nehmen wir einmal eine Situation an, die möglichst oft vorkommen sollte: Ihr habt gerade eine Idee! Das kann die Idee sein, einen Fahrradausflug zu unternehmen, ein Schiffsmodell zu basteln oder die Absicht, einen Brief zu verfassen oder einen guten Gedanken aufzuschreiben. Der Vorsatz ist da, aber leider seid ihr gerade furchtbar müde oder hungrig. Für diese Situation gibt es ein klassisches Sprichwort aus der Bibel, das auch die meisten Kinder schon kennen: Der Geist ist willig, aber das Fleisch ist schwach.

Mit dem „Fleisch" ist der Körper gemeint. Die Philosophen, also die be-

Das geht tatsächlich oft nicht anders. Ihr könnt in der Schule nicht schnell einmal drei Stühle zusammenschieben und eine Stunde schlafen, weil ihr gerade heftig gähnen musstet. Und wer die oben erwähnte Fahrradtour begonnen hat, wird auch zurückkehren oder an sein Tagesziel gelangen, obwohl die Beine schmerzen. Klar, dass man eben manchmal die Zähne zusammenbeißen muss. Das ist auch nicht gemeint. Mehr und mehr setzt sich eine Auffassung durch, die Körper und Geist im Einklang als eine Einheit ansieht. In den asiatischen Religionen ist das seit jeher so. Zwei Seiten, die gleichberechtigt zu unserem Leben gehören.

„Der Körper ist manchmal schlauer als der Kopf", sagt auch Ines Geipel. Bevor sie Professorin wurde, hat sie ihrem Körper sehr viel abverlangt. Nicht nur mit ihrem Willen, sondern für ihn gab es auch schädliche Medizin. Ja, so etwas gibt es. Medikamente, die eigentlich heilen sollten, machen krank. Ihr kennt den Begriff dafür im Sport alle: Doping! Und Ines Geipel war in der DDR, also dem bis 1990 existierenden sozialistischen Staat im Osten Deutschlands, eine Spitzensportlerin. Sie rannte im Sprint der Leichtathletinnen sogar einen Weltrekord. Aber diese Leistungen wurden eben nicht allein durch intensives Lauftraining erzielt, sondern mittels Chemie. Denn die kleine DDR musste weltweit um Anerkennung kämpfen und brauchte Erfolge, zum Beispiel im Sport. Dazu war ihr jedes Mittel recht, auch der Missbrauch von jungen Menschen. Denn das Doping in der DDR war ein Zwangsdopingsystem. Ines Geipel ist deshalb heute viel unterwegs, um Kinder zu informieren und womöglich zu warnen. Sie sagt: Freut euch an eurem Körper, fordert ihn auch durch Sport, aber achtet auf euer Umfeld und auf die Signale, die euer Körper aussendet. Denn der Körper weiß tatsächlich oft besser als der Kopf, was für ihn gut ist.

Wichtig ist zunächst einmal, dass ihr euren Körper so annehmt, wie er nun einmal ist. Schlank oder rundlicher, groß oder klein, mit großer Nase, kleinen Füßen, sehr langen Armen. Es ist alles gut so, wie es ist. Klar, an Übergewicht ist man wegen falscher Ernährung und Bewegungsmangel manchmal selbst schuld, nicht selten versteckt sich aber auch eine Krankheit dahinter, die man aufklären kann. Aber es gibt doch viele Eigenschaften, mit denen man geboren wird und die man nicht ändern kann und auch nicht sollte . Es hat nicht jeder die Voraussetzungen, Weltmeister oder Schönheitskönigin zu werden. „So, wie euer Körper ist, ist er schön", ermuntert Ines Geipel.

Was nämlich als schön empfunden wird, ändert sich mit der Zeit und mit der Kultur, in der man lebt. Frauen aus Afrika empfinden wir auf Fotos oft drall und üppig und nicht dem europäischen oder amerikanischen Standard entsprechend. Aber schaut hin, wirken sie nicht lebendig, stolz und lebensfroh? Sie gehen frei und selbstbewusst mit ihrem Körper um, nicht nur, weil sie sich wegen der Temperaturen in Afrika kaum bekleiden. Sie spielen mit ihm, wenn sie sich bemalen oder mit reichlich Schmuck behängen.

Die dürren Models hingegen, die sich auf dem Laufsteg bei Modenschauen präsentieren, wirken oft nicht sehr glücklich und sind eben oft auch gar nicht schön. Sie quälen ihren Körper, damit er kein Gramm zunimmt und sind oft krank vor Magerkeit. Auch am extremen Gegenteil kann man sterben wie manche Bodybuilder. Ihr kennt diese Muskelmänner und neuerdings auch immer mehr Muskelfrauen, die nur noch aus Kraft zu bestehen scheinen und deren Muskulatur unnatürlich gewachsen ist. Damit diese Pakete für Shows und Wettbewerbe so drastisch wachsen, nehmen sie extrem viele Doping-Substanzen zu sich. Auf den ersten Blick staunen Zuschauer vielleicht beeindruckt. Aber überlegt einmal selbst, ob man einen mit Chemie aufgepumpten Muskelberg wirklich noch schön finden kann?

Ines Geipel weiß, dass man im Sport die Grenzen seines eigenen Körpers erfahren möchte. „So schnell laufen, als wollte man seinen Körper hinter sich lassen", oder beim Weitsprung sozusagen aus seinem Körper herausspringen. Dabei macht der Körper besondere Erfahrungen. Jeder Körper erinnert sich an diese triumphalen Gefühle. Doch wenn es um Doping geht, sind sie eine Täuschung. Für diese Täuschung nehmen Sportler im gnadenlosen Wettkampf große und oft bleibende gesundheitliche Schäden in Kauf. Bis heute wird das immer wieder versucht, obwohl die internationalen Sportorganisationen gegen das Doping kämpfen. Wer kann schon dafür garantieren, dass ein Sieg bei der Tour de France im Radsport fair und regulär und ohne verstecktes Doping erzielt worden ist?

Ganz besonders schlimm sind die Auswirkungen, wenn dieses Doping schon im Kindesalter begonnen hat. Dafür gibt es aus der DDR-Geschichte schlimme Beispiele. Die Schwimmerin Ute Krause aus Magdeburg bekam seit ihrem neunten Lebensjahr unwissentlich Medikamente. Die unterdrückten wie bei jedem Doping die natürlichen Körpersignale, die sich bei der Annäherung an die Leistungsgrenze eigentlich einstellen. Man verliert sozusagen das Gefühl für seinen Körper. Ute Krause wurde so zwar eine Weltklasseschwimmerin, leidet aber heute noch an Bulimie. Das ist eine Krankheit, wo man ständig Hunger hat und essen muss, zugleich aber alles Essen wieder von sich gibt und brechen muss. Andere junge Sportlerinnen konnten später keine Kinder mehr bekommen. Ute Krause hörte von sich aus mit dem Leistungssport auf, als ihr der Missbrauch bewusst wurde. Sie arbeitete dann als Altenpflegerin in einem Heim. Ihren Trainer zeigte sie später an. In einem Gerichtsverfahren wurde er wegen Körperverletzung verurteilt.

Noch einmal richtig verstanden: Sport zu treiben ist etwas Wunderbares. Er hilft euch, über euch etwas herauszubekommen, über eure Grenzen, euren Willen. Laufen, schwimmen, Rad fahren machen Spaß. Ihr bekommt einen Körper, den ihr mögt, der leistungsfähig und fit ist. Kinder leiden heute eher an Bewegungsmangel, sitzen viel am Computer und vorm Fernseher, essen Eis, Chips, Hamburger, statt Obst, Joghurt und Gemüse. Ein gutes Gefühl für den eigenen Körper aber sagt jedem, dass das den Körper eher belastet. Also: Raus an die Luft, ins Schwimmbad, auf das Fahrrad, vernünftig essen, keine Aufputschmittel, die den Körper vergiften. Durch richtiges Training die eigenen natürlichen Grenzen beachten, verschieben, Stück für Stück verbessern, vor allem aber auch die richtigen Pausen machen. „Man muss nicht immer gewinnen", sagt Ines Geipel, eine Frau, die früher viel gewonnen hat. Sich nicht ständig überfordern also, aber auch nicht unterfordern – ein Maß finden für sich und lernen, sich lieb zu haben.

Nun sendet unser Körper ja nicht nur Signale, wenn wir ihn ordentlich belasten. Er erzählt uns viel mehr,

toschau. Maler und Fotografen können den Ausdruck eines Gesichts noch geschickt verstärken.

Auch die Hände sagen uns viel, nicht nur darüber, ob ein Mensch mehr am Schreibtisch sitzt oder im wahrsten Wortsinn ein Hand-Werker ist. Empfindsame Menschen haben oft auch feingliedrige Hände. Zur Begrüßung gibt man sich die Hand, zur Versöhnung reicht man sie nach einem Krach dem Freund oder dem Nachbarn. Aber man kann mit ihnen auch zuschlagen. So kann man die Körperteile nach und nach beobachten und deren Sprache entdecken. Wie hält jemand die Arme? Geht er stolz und aufrecht oder bedrückt und gebückt? Auch die Art, wie jemand läuft, sagt viel über ihn oder seine gegenwärtige Situation aus. Wer wütend ist, stampft mit dem Fuß auf. All dies gehört zur Körpersprache. Deshalb ist es schade, wenn Frauen bei den streng gläubigen Muslimen ihren Körper völlig unter einer Burka

wenn wir nur auf ihn und gleichermaßen auf andere Körper achten. Es gibt eine sehr ausgefeilte Körpersprache, und ein Schauspieler zum Beispiel muss nach und nach lernen, sie bewusst einzusetzen. Denn mit dem Körper können wir ebenso wie mit der Sprache ausdrücken, was unsere Gedanken und Gefühle bewegt. Am meisten erzählt uns ein Gesicht. Ihr solltet genau und aufmerksam in andere Gesichter schauen. Dieses Beobachten kann man üben und genauer beschreiben, warum manche Augen so kalt, manche Nase so kühn und mancher Mund so sinnlich wirken. Meist haben wir einen Gesamteindruck vom Gesicht und wissen gleich, dass dieser Mensch fröhlich, zornig oder ängstlich ist. Es lohnt sich zum Beispiel, mit euren Eltern einmal in eine Gemäldegalerie zu gehen, von denen wir in Dresden ja zahlreiche haben, oder auch in eine Porträt-Fo-

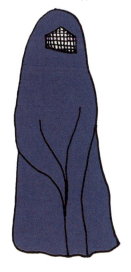

verbergen müssen, die nur einen Seh-
schlitz für die Augen frei lässt. Wer
weiß, was uns diese Augen dahinter
erzählen wollen?

Mit dem Körper spüren wir Tempe-
ratur und Wetter, tasten wir, genießen wir. Es ist ein Abenteuer, heraus-
zufinden, wann sich euer Körper
äußert, wenn er jemanden streicheln
will, sich anlehnen will, toben oder
tanzen will. Unsere Gefühle sitzen ja
nicht nur im Kopf und im Gehirn.

Es ist der ganze Körper, der fühlt,
und es ist wiederum wichtig, für den
eigenen Körper ein gutes Gefühl zu
entwickeln. Wann muss er schlafen,
essen, trinken? Wo fühlt er sich besonders wohl? Wie reagiert er auf
Hitze oder Kälte? Wann ist er krank?
Denn der Körper rächt sich, wenn
wir ihn übergehen und auf seine Signale nicht achten. Schließlich soll er
uns ja ein Leben lang begleiten und,
solange wir auf der Erde sind, unser
„Gehäuse" sein.

Warum spucken Vulkane geschmolzenes Gestein?

Prof. Dr. Christoph Breitkreuz, Vulkanologe

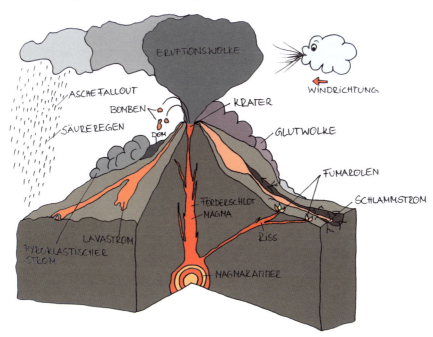

Die wenigsten Menschen haben den Ausbruch eines Vulkans einmal selbst erlebt. Aber Berichte in Büchern oder Filmaufzeichnungen im Fernsehen genügen, Angst zu verbreiten. Die Erde scheint zu zürnen und ihrer Wut freien Lauf zu lassen. So haben sich die alten Römer vor 2000 Jahren auch vulkanische Tätigkeit erklärt. Im Inneren der Berge soll Vulcanus, der Gott des Feuers und der Schmiede, seine Werkstatt haben. Der Schlot eines Vulkans stellte einfach den Rauchabzug dieser Werkstatt dar. War Vulcanus wütend, schleuderte er glühende Steine und Feuer aus dem Schlot. Bis heute hat die Insel Vulcano vor Sizilien allen diesen Feuerbergen ihren Namen gegeben, obschon es in vielen Kulturen der Erde ähnliche Vorstellungen von Feuergöttern gibt.

Sie werden zugleich verehrt und gefürchtet. Vulkane haben schlimme Katastrophen in der Menschheitsgeschichte verursacht. Der Vesuv im Süden Italiens begrub im Jahre 79 die römische Stadt Pompeji unter Lava und Asche. Und der Krakatau in der indonesischen Inselwelt kostete bei seinem Ausbruch im Jahre

1883 mehr als 36 000 Menschen das Leben, löste eine riesige Flutwelle um die Erde aus und verschlang sich praktisch selbst. Doch immer wieder haben Menschen die fruchtbaren Hänge vulkanischer Berge besiedelt. Und immer mehr haben Vulkane das Interesse der Wissenschaftler herausgefordert. Denn was furchtbar sein kann, ist zugleich mächtig faszinierend.

Professor Christoph Breitkreuz von der Bergakademie Freiberg ist solch ein Vulkanologe, also einer, der dem römischen Gott Vulcanus in seiner Werkstatt etwas auf die Finger schaut. Das tut ein Wissenschaftler ganz ohne Panik und findet dabei heraus, dass viele vulkanische Erscheinungen ganz erklärlich sind und nicht nur der schlechten Laune eines Feuergottes entspringen.

Der Begriff, den wir zuerst mit einem Vulkan in Verbindung bringen, ist das Magma. Das ist Gestein, das unter hohem Druck und bei hohen Temperaturen geschmolzen ist. Man kann es mit dem Schmelzen von Wachs nach dem Anzünden einer Kerze vergleichen oder mit dem Vereisen und Auftauen von Wasser. Auch das Gestein besteht aus vielen Kristallen, wie ihr sie in sichtbarer Größe als Eis- oder Schneekristalle kennt. Das Magma, eine zähe Flüssigkeit, ist aber viel heißer als Wasser oder Wachs und erreicht Temperaturen zwischen 750 und 1200 Grad Celsius. Das macht es gefährlich, wenn es an die Erdoberfläche dringt. Nach seinem Austritt nennen es die Forscher Lava.

Wo entsteht das Magma? Im Erdinneren natürlich, aber der Erdmittelpunkt liegt von den Polen aus gesehen immerhin in 6357 Kilometern Tiefe. Wenn wir einen Schnitt durch die Erdkugel legen und sozusagen ein Tortenstück herausschneiden, sehen wir, dass sie aus mehreren Schichten besteht. Der Erdkern, auf den wir in etwa 2900 Kilometern Tiefe stoßen, besteht aus einem festen inneren und einem flüssigen äußeren Kern. Unvorstellbare Temperaturen bis zu 4600 Grad Celsius herrschen hier. Der flüssige äußere Kern besteht vor allem aus Eisenverbindungen und Nickel und bestimmt das Magnetfeld der Erde. Der Erdmantel ist fest. Im oberen Mantel kann das Gestein jedoch fließen, so wie es ein aus festem Eis bestehender Gletscher unter dem eigenen Gewicht auch tut. In diesem zähflüssigen Gestein gibt es

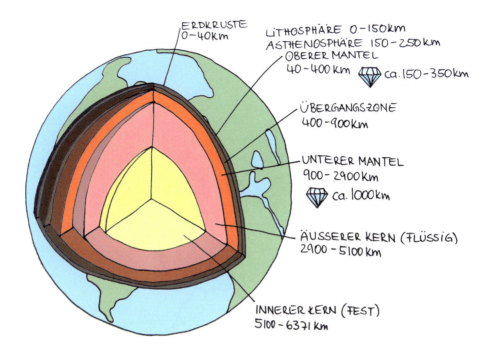

ERDKRUSTE
0-40km

LITHOSPHÄRE 0-150km
ASTHENOSPHÄRE 150-250km
OBERER MANTEL
40-400 km   ca. 150-350km

ÜBERGANGSZONE
400-900km

UNTERER MANTEL
900-2900km
   ca. 1000km

ÄUSSERER KERN (FLÜSSIG)
2900-5100km

INNERER KERN (FEST)
5100-6371km

Bestandteile, die leichter schmelzen als andere, dünnflüssiger werden und wie Blasen nach oben steigen. Das ist das Magma, das sich in kilometergroßen Kammern sammelt. Wird der dort angestaute Druck zu groß, bricht es als ein Vulkan aus.

Wir leben auf dem äußersten Teil der Erdkugel, der Lithosphäre. Mit etwa 100 Kilometern ist sie vergleichsweise dünn, bildet aber die Meeressenken und die Gebirge aus. Die Lithosphäre ist nicht starr. Sie besteht aus großen Platten, die ihr euch ungefähr wie Eisschollen vorstellen könnt.

Diese Platten bewegen sich kaum schneller als eure Haare wachsen. Sie kommen nur einige Zentimeter im Jahr voran, aber das genügt, im Laufe der Jahrhunderte Spannungen zu erzeugen. Wieder könnt ihr einen guten Vergleich zum Verhalten von Eisschollen ziehen. Plattentektonik nennt man diese Bewegungen. Auf der Erde gibt es eine lang gestreckte Zone, wo die Platten voneinander weggleiten, den Mittelozeanischen Rücken. In den sogenannten Subduktionszonen treffen sie wieder aufeinander und schieben sich übereinander.

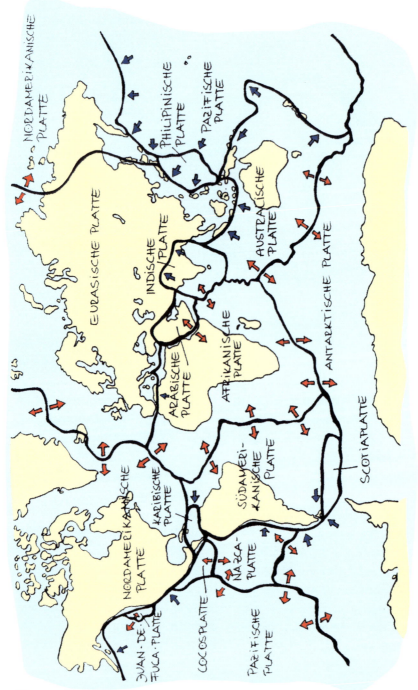

In solchen Gebieten kommt es nicht nur leichter zu Erdbeben. Die Plattengrenzen sind auch wichtige Orte, an denen sich Magma bildet und Vulkane entstehen. Subduktionszonen sind besonders gefährdet, so an der Westküste Amerikas, in Ostasien oder Indonesien. Man kennt aber auch Vulkanismus mitten auf Platten, die sogenannten Hot Spots. Die bekannte Insel Hawai im Stillen Ozean, auf der es nach einem Faschingslied angeblich kein Bier geben soll, ist solch ein Beispiel.

Die meisten Vulkane sehen wir allerdings gar nicht, und sie werden uns auch nicht gefährlich. Denn sie liegen unter dem Meer, zum Beispiel dort, wie der Mittelozeanische Rücken unter dem Stillen Ozean, dem Pazifik, verläuft. Tausende solcher Vulkane gibt es. Dort findet man auch sogenannte „Schwarze Raucher" in 2,5 Kilometern Tiefe, die 400 Grad heißes Thermalwasser ausstoßen. Unter Wasser sieht das aus wie Rauch, aber Dampf entsteht nicht, weil das Wasser darauf drückt. Unter Wasser entstehen durch Vulkanausbrüche gleichfalls Berge, die „sea mounts". Manchmal wachsen sie so hoch, dass sie als Inseln aus dem Meer auftauchen. Bei Island ist zum Beispiel 1963 die Vulkaninsel Surtsey entstanden. Auch die als Ferienparadies beliebten Kanarischen Inseln haben eine solche Geschichte. Dort kann man in erstarrter Form sehen, wie sich die Lava unter Wasser verhalten hat. Taucher haben das unter Wasser schon ganz aus der Nähe filmen können, weil Wasser gut isoliert. Die durchschnittlich tausend Grad heiße Lava fließt im Meer aus und bildet Lavafinger, die am Ende immer wieder aufplatzen und sich schnell abkühlen. Die bei der Abkühlung entstehende Form hat zu der Bezeichnung Kissenlava geführt.

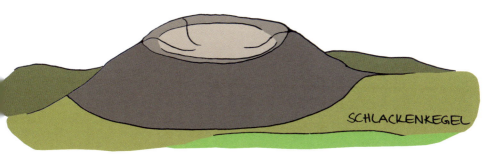

SCHLACKENKEGEL

STRATOVULKAN

Ihr werdet es kaum glauben, aber solches Lavagestein findet man sogar im heutigen Sachsen. Vor 400 Millionen Jahren gab es nämlich dort, wo Kinder heute im Hörsaal sitzen, ein Meer mit Vulkaninseln.

Vulkane an Land können wir nach ihren Erscheinungsformen in viele Typen unterteilen. Über drei wichtige soll hier erzählt werden. Der häufigste ist der Schlackenkegel. Er ist relativ klein, misst nur 100 bis 300 Meter im Durchmesser und wird kaum höher als 100 Meter. Die aufgetürmte Schlacke liegt meist lose aufeinander. Schlackenkegel sind nur kurz aktiv und nicht so gefährlich. Professor Breitkreuz war mit Studenten beispielsweise nur einen Monat

nach einem Ausbruch schon auf einem Kegel am Ätna auf Sizilien. Der war schon begehbar, wenn auch innen noch heiß, und man konnte in den Krater gucken. Der Stromboli, eine Insel unweit von Sizilien, ist seit 2000 Jahren ein aktiver ganz großer Schlackenkegel.

Gefährlicher sind Stratovulkane. Sie schlafen viel und stellen sich ruhig, können aber ziemlich überraschend ausbrechen. Das macht sie für Vulkanologen besonders interessant. Sie können sehr groß und sehr alt werden. Manche leben über eine Million Jahre. Ein schönes Beispiel ist der Fujisan in Japan, der übrigens am Schnittpunkt der Pazifischen Platte, der Eurasischen Platte und der Phi-

lippinenplatte liegt. Ihr erinnert euch: An Plattengrenzen tritt häufiger Vulkanismus auf.

Eine weitere interessante Vulkanform ist schließlich das Maar. Ein ovaler oder kreisförmiger Krater, der durch eine Gasexplosion entstanden ist. Aufsteigendes Magma und Grundwasser treffen zusammen, und heftige Explosionen können ein tiefes Loch in die Erde sprengen. Die Vertiefung kann sich mit Wasser füllen, daher rührt die vom lateinischen Wort für „Meer" abgeleitete Bezeichnung. Ein solcher See hat sich beispielsweise 1977 am Ukinrek Maar in Alaska gebildet. Maare haben wir als Vulkanform sogar in Deutschland, nämlich in der Eifel und als Erosionsreste in der Schwäbischen Alb.

Was tun Vulkane gern? Am liebsten tun sie gar nichts und schlafen. Der Mount Adams in den USA ist zum Beispiel in 4000 Jahren nur einmal ausgebrochen. Aber wir wissen ja,

dass sie uns damit in trügerischer Sicherheit wiegen und plötzlich aufwachen können. Andere Vulkane erinnern uns freundlicherweise immer wieder daran, dass sie eigentlich noch aktiv sind. Sie spucken immer wieder mal Lavafontänen aus, die bis 500 Meter hoch aufsteigen können. Die etwa tausend Grad heiße Lava fällt zu Boden und bildet einen Lavastrom, sozusagen einen Fluss aus geschmolzenem Gestein. Von Hawai gibt es solche Bilder, und es ist klar, dass herabfließende Lava viele Zerstörungen anrichten kann.

Bis zu 60 Kilometer hoch können Eruptionswolken aufsteigen. Das passiert relativ häufig. Mit einem Knall schmeißt der Vulkan Steine wie Bomben aus dem Krater und aus der Wolke. Wie kommt das? Dass sich im Magma beim Aufsteigen auch Gasblasen bilden können, habt ihr schon gehört. Die explodieren und zerlegen alles in kleine Stücke. Herabgefallene Fundstücke aus einer

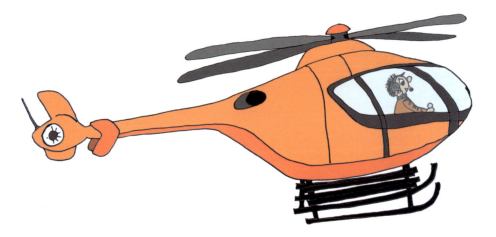

solchen Wolke können zum Beispiel kleine Glasstücke sein, die ganz skurrile, manchmal buchstabenähnliche Formen annehmen.

Solch eine Eruptionswolke kann auch regelrecht zusammenbrechen, wenn sie hoch aufgestiegen ist. Dann entstehen sogenannte pyroklastische Ströme, die zu den gefährlichsten Aktivitäten bei einem Vulkanausbruch zählen. Wieder geht es um Gas im Magma, das mit Staub eine Glutwolke bildet. Die rast nun mit Geschwindigkeiten bis zu 400 Kilometern pro Stunde den Hang hinunter und vernichtet auf ihrem Weg alles. Was die pyroklastischen Ströme allerdings beim Erstarren hinterlassen, ist für Vulkanologen, Geologen und Steinsammler eine Augenweide. Alles Mögliche ist in den Gesteinen

verschweißt und bildet Muster und Kristallformen. Ignimbrit ist ein solches Tuffgestein, und Professor Breitkreuz zeigte ein solches Stück aus Australien, das schon 3 Milliarden Jahre alt ist, also fast so alt wie die Erde.

Ähnlich gefährlich können Schlammströme werden, wenn auf einem Vulkan viel Eis liegt oder es bei seinem Ausbruch stark regnet. Asche vermischt sich mit dem Wasser und der entstehende Strom, Lahar genannt, gleicht flüssigem Beton.

Menschen in vulkanischer Umgebung möchten selbstverständlich wissen, welche Gefahr von einem Vulkan wirklich ausgeht. Dann sind Vulkanologen gefragt. Die Wissenschaftler erstellen auf einem mobilen

Reißbrett eine geologische Karte. Dazu marschieren sie mit einer beeindruckenden Ausrüstung ins Gelände. Der Fotoapparat und das Fernglas um den Hals, dazu ein Rucksack. Darin finden wir Creme, Sonnenbrille, Maßband, Karten, Packbeutel, Salzsäure, mit der man die Kalkhaltigkeit von Gestein prüfen kann, Verbandszeug, Essen und Trinken und – Toilettenpapier. Das Wichtigste aber hängt am dicken Gürtel: Eine Tasche mit Notiz- und Geländebuch und einem Stift zur Kennzeichnung von Steinen, Meißel und Geologenhammer, Kompass, Navigationssystem, Höhenmesser und eine Lupe.

Kann man damit sicher und genau einen Ausbruch vorhersagen? Nein, so einfach ist das nicht. Aber wenn ein Vulkan erwacht, kann man ihn genau beobachten und den Zeitpunkt eingrenzen, wann er wahrscheinlich ausbrechen wird. Denn Experten können die Anzeichen deuten, mit denen ein Vulkan seinen Ausbruch ankündigt. Ein bis zwei Monate nach dem Erwachen „bereitet er sich vor". Die Magmakammer unter der Erde ist prall gefüllt, vermehrt steigen Gasblasen auf. Kleine Erdbeben und Rauch über dem Krater warnen uns. Die Vulkanologen steigen dann in den Hubschrauber und schauen sich das von oben an. Sie erstellen eine Karte und messen zum Beispiel den Schwefeldioxid-Gehalt in der Luft. Ziemlich gut geklappt hat diese Warnung und Vorhersage 1991 beim Ausbruch des Pinatubo auf den Philippinen. Das war immerhin einer der größten Ausbrüche der letzten 100 Jahre auf unserer Erde.

Nun haben wir viel von der Gefährlichkeit der Vulkane gehört. Sie sind aber auch durchaus nützlich für uns. Das erstarrte und abgelagerte Vulkangestein kann man in vulkanischen Gegenden ganz schlicht für den Hausbau nutzen. Die attraktiven Muster dieses Gesteins laden zu besonderer Verwendung ein. Edle Waschbecken gibt es zum Beispiel aus Rochlitzer Porphyr, einem Vulkangestein aus Mittelsachsen. Bimsstein ist ein aufgeschäumtes Glas, das wegen seiner vielen Poren im Wasser sogar schwimmt. Man kennt Bims als Reinigungsstein im Haushalt oder nutzt es zum Bleichen, um beispielsweise bei Jeans den „stone washed"-Effekt zu erzielen. Schließlich nutzen Länder wie Costa Rica schon die erhöhte Erdwärme in Vulkangebieten zur Stromerzeugung.

Müssen wir in Deutschland eigentlich mit einem Vulkanausbruch rechnen? Von den Maaren in der Eifel habt ihr schon gelesen. In diesem Gebiet gab es bis vor reichlich 10 000 Jahren tatsächlich einen ziemlich heftigen Vulkanismus. Über eine lange Periode von etwa einer halben Million Jahre rauchten Vulkane zwischen Schwarzwald, Odenwald und Spessart. Diese Vulkane liegen übrigens nicht am Plattenrand in einer Subduktionszone, sondern mitten auf einer Platte. Der letzte große Ausbruch ereignete sich vor nunmehr 13 000 Jahren: Der Laacher-See-Vulkansausbruch in der Eifel war mächtiger als der des Vesuv, der Pompeji zerstörte. Forscher sind nicht sicher, ob sich ein solcher Ausbruch wiederholen kann. Mindestens 10 000 Jahre Ruhe gelten als die Zeitspanne, nach der ein Vulkan als erloschen gilt. Der Boden in der Eifel ist jedenfalls noch unruhig. Vielleicht kommt es in einigen tausend Jahren wieder zu einem Ausbruch, erdgeschichtlich eine kurze Zeit. Bis dahin werden die Kinder der Kinder der Kinder, die heute eine Kinder-Universität besuchen, noch viel über Vulkanismus gelernt haben.

Warum müssen wir essen und trinken?

Prof. Dr. Claus Luley, Laborarzt am Universitätsklinikum Magdeburg

Warum müssen wir essen und trinken? Na so eine dumme Frage, werden sich vielleicht einige sagen. Kennt man doch nicht anders, seit man sich erinnern kann. Gegessen wird immer. Erstens weil es gut schmeckt, besonders Eis und Schokolade, und zweitens, weil man hungrig ist. Oder doch umgekehrt? „Essen und Trinken hält Leib und Seele zusammen", sagt ein altes Sprichwort. Der Mensch verhält sich wie ein Meerschweinchen. Bekommt es drei Tage kein Futter, wird es krank. Vernachlässigt man es weiterhin, stirbt es gar. Das weiß man einfach.

Mag sein, aber warum das so ist, weiß noch lange nicht jedes Kind. Und wie unser Essen für eine gesunde Ernährung zusammengesetzt sein sollte, wird anscheinend immer häufiger vergessen. Denn die Zahl übergewichtiger Kinder nimmt leider zu. Damit befasst sich Professor Luley als Arzt an der Universität Magdeburg. Ihr wisst, das ist die Stadt, in der man drei Tage später anlangt, wenn man sich in Dresden in ein Schlauchboot auf der Elbe setzt. Magdeburg hat einen prächtigen Dom nahe der Elbe, ein vom Künstler Hundertwasser entworfenes buntes Haus und ist – na selbstverständlich – die Heimatstadt von „Tokio Hotel".

Menschen ergeht es nicht nur wie gut oder schlecht gefütterten Meerschweinchen. Professor Luley vergleicht uns auch mit Maschinen, denn wir arbeiten gleichfalls und brauchen dafür Treibstoff. Treibstoff, der verbrannt wird. Moment mal, was verbrennen wir denn? Bei einer Dampfmaschine, einer Dampflokomotive, ist das klar. Der Heizer schippt Kohle in Form von Koks ins Feuerloch, die bringt bei der Verbrennung das Wasser zum Kochen, und der Dampfdruck treibt über die

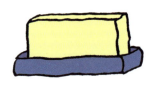

Zylinder die Lokomotive vorwärts. Das bei der Verbrennung entstehende Abgas entweicht mit dem Dampf durch den Schornstein. Das Auto verbrennt keine Kohle, sondern Benzin oder Diesel in den Zylindern des Motors. Die Explosion drückt auf die Kolben und treibt die Kurbelwelle und damit die Räder an. Die Abgase pustet das Auto aus dem Auspuff.

Und der Mensch? Verbrennt der das Essen an einem kleinen Lagerfeuer im Bauch? Natürlich nicht. Es handelt sich um eine chemische Verbrennung, eine Oxidation. Von der haben wir in der Vorlesung über das Älterwerden schon gehört. Das ist immer eine Reaktion mit Sauerstoff, den wir aus der Luft einatmen. Das Abgas, das im Körper dabei entsteht, ist nicht etwa der Pups. Nein, es ist das Kohlendioxid, das wir ausatmen. Deshalb schnaufen wir und japsen, wenn wir schnell und ausdauernd rennen. Denn wer sich viel bewegt, verbraucht auch viel „Treibstoff" für die köpereigene Verbrennung. Dabei entsteht tatsächlich auch Wärme, die wir über das Schwitzen wieder abführen. Mit dem Schweiß kühlen wir sozusagen unseren Motor.

Schauen wir einmal genauer hin, was wir essen und verbrennen. Unsere Nahrung besteht im Wesentlichen aus drei Bestandteilen: Fett, Eiweiß (Proteine) und Kohlenhydrate. Jeder hat eine Vorstellung davon, was Fett ist. Die Schinkenränder oder das Wabblige am Eisbein sieht man, und Butter oder Öl fühlen sich auch fettig an. Eiweiß erkennt man schon etwas schwerer. Das Weiße vom Hühnerei gibt ihm den Namen, das ist leicht. Aber auch Fisch enthält sehr viel Eiweiß, Fleisch ebenfalls, und hier besonders das Hühnerfleisch, das Grillhähnchen. Nahrungsmittel, die auf Feldern oder Bäumen wachsen, enthalten bevorzugt Kohlenhydrate. Das Mehl, das wir aus Getreide mahlen, und die Produkte, die wir daraus backen, sind ganz wichtig. Folglich enthalten ungemahlene Körner auf dem Brötchen oder im Müsli erst recht Kohlenhydrate, ebenso Reis und Zucker, der aus Zuckerrohr oder Zuckerrüben gewonnen wird. Nicht zu vergessen unsere Hauptbeilagen: Kartoffeln und Nudeln.

Eiweiß ist wichtig und gesund. Unter anderem hilft es beim Aufbau von Muckis, den Muskeln. Professor Luley rät, viel Eiweiß zu essen. Bei Fetten und Kohlenhydraten müssen wir uns das etwas genauer überlegen. Dazu müssen wir uns fragen, wie viel Energie in unseren Nahrungsmitteln steckt und wofür wir die eigentlich brauchen. Den Energiegehalt messen wir mit dem Brennwert. Wir wissen ja, dass in uns kein offenes Feuer brennt, aber ihr könnt euch den Begriff mit einem Feuer gut vorstellen: Papier hat einen geringeren Brennwert als zum Beispiel Holzkohle – die gleiche Menge ist viel schneller verbrannt.

Wir messen den Brennwert in Kilokalorien, abgekürzt „kcal". Interessant ist nun, welchen Brennwert die drei Nahrungs-Hauptbestandteile haben. In einem Gramm Eiweiß und einem Gramm Kohlenhydrate stecken jeweils 4 kcal, in einem Gramm Fett aber 9 kcal. Fett „brennt" also in unserem Körper am längsten, man kann mit einem Gramm am weitesten laufen. Lebewesen, die auf einen großen Energievorrat angewiesen sind, legen den als Fettgewebe an. Der Bär zum Beispiel frisst sich solch ein Polster vor dem Winterschlaf an.

Das muss dann fünf Monate für den Mindestbedarf reichen. Fett ist also gut, wenn man es wirklich nötig hat, bei schwerer körperlicher Arbeit beispielsweise. Manche Menschen, von denen wir leider auch immer mehr sehen, möchte man hingegen in einen langen Winterschlaf oder auf einen täglichen Marathonlauf schicken. Sie sind einfach zu dick, oder vornehmer ausgedrückt: Sie haben ihrem Körper zu viel Energie zugeführt.

Das gilt im Prinzip auch für die Kohlenhydrate. Wer ständig nur reichlich Nudeln, Kuchen oder Süßes futtert, setzt auch an. Kohlenhydrate haben aber den Vorteil, dass sie schnell ins

Blut gehen und dem Körper kurzfristig viel Energie zuführen können. Sportler nehmen deshalb besonders in den Ausdauersportarten gern Kohlenhydrate zu sich.

Wie viel Energie braucht man denn nun, und wie viel sollte man vernünftigerweise dann auch nur essen? Es leuchtet sofort ein, dass dieser Bedarf von der Bewegung und der Arbeit abhängig ist, die wir verrichten. Ein Kind, das vor einem Buch sitzt und ruhig nachdenkt, verbraucht viel weniger als eines, das schwitzend um die halbe Welt radelt. Wer schon einmal in einer Prüfung oder bei einem Schachspiel intensiv und lange gegrübelt hat, wird jetzt allerdings einwenden, dass auch Gedankenanstrengung hungrig machen kann. Die nachfolgende Tabelle vergleicht den Kalorienverbrauch bei verschiedenen Tätigkeiten. Sie errechnet, wie viele Kilokalorien pro Kilogramm Körpergewicht in einer Stunde nötig sind:

In absoluten Zahlen hängt der Verbrauch nicht nur von Tätigkeit und Körpergewicht ab. Auch das Alter und das Geschlecht eines Menschen spielen eine Rolle. Pro Tag verbraucht ein Schüler an Kilokalorien:

ALTER		
4 – 7	1400	1500
7 – 10	1700	1900
10 – 13	2000	2300

Der Kalorienverbrauch von Vierzehnjährigen nähert sich bereits dem Bedarf von Erwachsenen an.

Auf dem Küchentisch daheim oder in der Schulspeisung stehen nun aber nicht drei Schüsseln, in denen Fett, Eiweiß und Kohlenhydrate getrennt serviert werden. Unsere Nahrung ist stets ein Gemisch der verschiedenen Bestandteile. Deshalb ist es interes-

KALORIENTABELLE – KALORIENVERBRAUCH PRO 1kg KÖRPERGEWICHT IN 1 STUNDE

	LIEGEN	GEHEN	BRUST-SCHWIMMEN	RADFAHREN	KANU FAHREN	SKI-LANGLAUF	LAUFEN
km/h		3	1,2	15	7,5	9	9
kcal	1	2,75	4,4	5,38	8,1	9	9,5

sant, diese Anteile zu kennen. Eine Salami oder ein Schweizer Käse enthalten viel Fett und Eiweiß. Ein Burger von McDonalds bietet viel Eiweiß und viele Kohlenhydrate, aber wenig Fett.

Stellt euch vor, ihr müsstet für einen etwas moppligen Freund einkaufen gehen, der schon bei Schritttempo heftig schnaufen muss und kaum über eine Pfütze springen kann. Nach allem, was ihr bereits gelernt habt, muss die zweckmäßige Nahrung für ihn viel Eiwciß und wenig Fett enthalten, damit er nicht noch mehr zunimmt. Ein Obstsalat ist also besser als ein Nudelsalat, ein Grillhähnchen geeigneter als eiu Schwcinenacken. Eine Geflügelwurst bekommt ein grünes Ampelmännchen, eine Leberwurst eher ein rotes, grün für den Frischkäse, rot für den Schnittkäse. Und den Joghurt können wir uns aussuchen. Auf manchen steht extra vermerkt: „0,1 Prozent Fett, kalorienarm".

Kohlenhydrate können wir nicht so eindeutig zuordnen. Professor Luley teilt sie ein in „gute" und „schlechte"

Kohlenhydrate. Die schlechten machen dick und nach dem Essen trotzdem bald wieder hungrig. Süßigkeiten, weißes Mehl und manche Nudeln rechnen wir dazu. Gute Kohlenhydrate sättigen uns und verbrennen langsam. So tun es Obst, Gemüse und Vollkornspeisen. Ein Vollkornkeks ist also gesünder als ein Hörnchen aus Hefeteig oder ein Croissant. Und bei Nudeln sollten wir die dunklen Vollkornnudeln den hellen vorziehen.

An dieser Stelle steht euch vermutlich eine große Enttäuschung bevor. Denn es gibt kaum Kinder, die nicht gern eine Cola oder eine Fanta trinken würden. Die schmeckt nicht nur, die ist auch so schön süß! Aber gerade das ist der heikle Punkt. Ehrlicherweise steht auf einer Flasche ja drauf, was drinnen ist, wenn auch nur ganz klein gedruckt. Da lohnt es sich nachzuschauen. Angegeben sind die Inhaltsstoffe auf 100 Millilitern, diese Menge entspricht dem Zehntel einer Literflasche oder einem kleinen Probiergläschen. Lesen könnt ihr den Brennwert, der bei einer Cola 41 Kilokalorien beträgt. Der Gehalt an Eiweiß und Fett ist mit 0,1 Gramm auf einem Zehntel Liter nicht beunruhigend. Aber dann kommen die Kohlenhydrate mit 10 Gramm Anteil. Davon ist fast alles Zucker, also „schlecht". Wenn man die Zuckermenge einer ganzen Literflasche Cola in Würfelzucker umrechnet, kommt man auf 52 Stückchen! Übereinan-

der gestapelt, wäre dieser Turm höher als die Flasche. So viel Zucker ist nicht gerade gesund. Schaut euch in den Einkaufsregalen die Saftflaschen einmal genauer an. Da gibt es Fruchtsäfte, die haben nur einen Brennwert von 3 kcal auf 100 Milliliter, machen also nicht dick. Und der Gehalt an Kohlenhydraten beträgt nur 0,3 Gramm, das entspricht einem einzigen Stückchen Würfelzucker pro Flasche.

Jetzt geht es leider weiter mit den Enttäuschungen. Wenn auf einer Tüte Gummibärchen damit geworben wird, dass sie die „echten ohne Fett" seien, so ist das keine Kunst. Entscheidend ist der Zuckergehalt, und da kommen wir wieder auf 52 Stückchen Würfelzucker. 50 Gramm Gummibären bieten außerdem einen Brennwert von 210 kcal. Das ist eigentlich ein Überangebot an Energie und entspricht dem Brennwert einer kompletten großen Ananasfrucht. Solche Vergleiche kann man fortsetzen. Ein Grillwürstchen hat ungefähr einen Brennwert von 160

kcal und damit ebenso viel wie 32 eingelegte Gurken. Ein Teller Pommes frites spendet 360 Kilokalorien, die gleiche Menge wie 4 Maiskolben. Für ein Stück Streuselkuchen mit 320 kcal könnte man auch ein Stück Melone, etwas Obst, ein Eis und ein Biskuit essen. Vorsicht aber bei Eis. Das kann Sahne-Eis mit viel Fett sein oder aber das Frucht- oder Sorbet-Eis mit wenig Fett. 50 Gramm Nüsse plus 50 Gramm Chips enthalten schon 400 kcal – dafür dürftet oder müsstet ihr 12 Tassen Popcorn essen.

Ihr seht, bei unserer Ernährung gibt es eine Menge Reserven. Unsere Gewohnheiten sind nicht immer die zuträglichsten für unseren Körper. Einen richtigen Schock bekommt man, wenn man erfährt, dass zwei Stück Pizza zusammen einen Brennwert von 800 Kilokalorien haben. Nun müsst ihr nicht ganz auf die geliebte Pizza verzichten, aber ein Stück Pizza plus eine Gemüsesuppe plus Salat hat nur 600 kcal. Bei Schokoladentrüffeln wäre es ähnlich, von denen nur 6 Stück allein 560 kcal „Heizwert" in unserem Körper bedeuten. Ersetzt man nur einige von ihnen etwa durch ein Erdbeer-Schokoladen-Fondue, kann man diesen Brennwert halbieren.

Auch auf die populären Schnellrestaurants müsst ihr nicht unbedingt verzichten. Es kommt auf die richtige Auswahl an. Wer wahllos einen Big-Mac, Pommes und Milchshake kauft, kommt schnell auf eine Kaloriensumme, die fast einem Tagesbedarf entspricht – also 1500 bis 2000 Kilokalorien. Bei McDonalds stehen nicht auf jedem Mac die Inhaltsangaben, aber im Internet könnt ihr euch auf der McDonalds-Seite ein vernünftiges Menü zusammenstellen. Mit Chicken McNuggets, Salat und Apfelsinenschorle bleibt man locker unter 500 kcal. Und statt eines fetten Hamburgers mit Käse und Speck kann man vier Mal soviel mit Gemüse essen.

Wir müssen also lernen, mit dem breiten Angebot an Nahrungsmitteln umzugehen, das Richtige für unser Alter, unseren Gesundheitszustand und unsere körperliche Belastung auszuwählen. Überlegt selbst, welches Nahrungsmittel ein rotes oder ein grünes Ampelmännchen verdient hat. Die Kinder in der Vorlesung von Professor Luley haben das jedenfalls ganz schnell begriffen und fast immer richtig getippt. Nicht alles, was am besten schmeckt, ist auch am gesündesten. Und für den Brennwert gilt: Man braucht meist weniger als gedacht. Was nicht heißt, dass ihr nicht auch einmal „reinhauen" dürft, wenn es richtig schmeckt.

Warum vergessen wir Dinge, die wir eigentlich tun wollten?

Prof. Dr. Matthias Kliegel, Entwicklungspsychologe an der TU Dresden

„Das habe ich vergessen!" Wenn Schüler diesen Satz sagen, weil sie nicht an die Hausaufgaben oder an ein Unterrichtsheft gedacht haben, wittern Lehrer meistens eine beliebte Ausrede. Dabei vergessen sie selbst so viel, so, wie wir alle ständig vergessen. Oder wer weiß noch genau, was er sich am Morgen des Neujahrstages 2005 aufs Frühstücksbrötchen geschmiert hat, oder wie der Fußballclub Gelb-Grün Wackerwade am 35. Mai neunzehnhundertunzich gegen den 3. FC Rasenlatscher 1493 gespielt hat? Dem Vergessen sind überhaupt keine Grenzen gesetzt. Man kann Geburtstage vergessen, Telefonnummern, Schlüssel, ein Gedicht, den Einkauf von Brot, das Aufräumen des Zimmers, eine Verabredung. Dabei waren wir doch anfangs so überzeugt, uns alles ganz genau gemerkt zu haben. Andererseits möchte man manche Erlebnisse und leider auch manche Menschen sogar vergessen, aber das klappt auch nicht auf Befehl.

Etwas funktioniert also nicht perfekt in unserem Gehirn. Jedenfalls nicht so perfekt wie ein Computer mit seinen magnetischen und elektronischen Speichern, die im Regelfall nichts vergessen, was wir einmal eingegeben haben. Mit den Geheimnissen des Gedächtnisses befassen sich in Dresden Professor Kliegel und sein siebenköpfiges Team. Psychologen forschen ja an der Seele, an den Gemütszuständen und den geistigen Leistungen von uns Menschen. Entwicklungspsychologen wollen darüber hinaus noch wissen, wie sich diese Eigenschaften im Laufe des Lebens verändern. Sie laden deshalb Babys, Schüler in eurem Alter und sogar Hundertjährige in ihr Institut am Zelleschen Weg ein. Eine interessante Frage dabei ist, wie schnell wir etwas lernen und wie schnell wir es wieder vergessen – oder eben behalten, wie wir uns ja fest vorgenommen hatten.

Um dem verflixten Gedächtnis besser auf die Schliche zu kommen, schauen wir uns die Dinge, die wir üblicherweise vergessen, etwas genauer an. Mit ein bisschen Überlegung kommen wir darauf, dass wir sie in zwei Arten einteilen können. Da gibt es einerseits Informationen,

Faktenwissen, nach dem wir gefragt werden oder nach dem wir uns selbst fragen. Eben ein Gedicht, eine Telefonnummer oder eine Adresse, die wir uns früher einmal eingeprägt hatten und die wir jetzt wieder aufrufen wollen. Das ist das Vergangenheitsgedächtnis, mit dem Fachwort das retrospektive Gedächtnis genannt. Wenn wir uns dagegen vorgenommen hatten, an einen Geburtstag zu denken, das Zimmer aufzuräumen oder eine Fernsehsendung nicht zu verpassen, dann liegen diese Dinge in der Gegenwart oder Zukunft. Wir müssen selbst daran denken, und das klappt eben leider nicht immer. Wir vergessen unsere Absichten leicht, wenn wir sie nicht sofort in die Tat umsetzen können und zwischendurch an anderes denken müssen. Dabei geht es um das Zukunftsgedächtnis, das prospektive Gedächtnis. Einmal geht es um das „Was", beim prospektiven Gedächtnis um das „Wann". Beide stehen etwa im Verhältnis 40 zu 60, das heißt, das prospektive Gedächtnis beschäftigt uns etwas mehr als die Erinnerungsversuche.

Beide Gedächtnisformen funktionieren im Prinzip gleichartig und nur auf den ersten Blick so ähnlich wie ein Computer. Mit dem ersten Schritt speichern wir eine Information ein, möglichst nicht nur ein Mal, sondern wiederholt. Dieses Lernen oder Merken braucht eine gewisse Mindestzeit. Beim zweiten Schritt geht es um das Behalten und Bewahren, obschon wir von ganz anderen Tätigkeiten beansprucht und abgelenkt werden. Der dritte Schritt ist das Erinnern, das Abrufen des Gespeicherten. Dabei erleben wir eben oft ein Ärgernis, wenn entweder gar nichts mehr kommt oder nur noch Teile und Ausschnitte. Die erste Zeile von einem Gedicht beispielsweise. Das könnte sich ein Computer wirklich nicht leisten.

Diesem widerspenstigen Gedächtnis können wir sowohl mit Theorien, also begründeten Annahmen über seine Funktionsweise, als auch mit Experimenten etwas genauer auf die Schliche kommen. So tun es Wissenschaftler auf jedem Forschungsgebiet: Sie vermuten ein Prinzip, stellen eine Theorie auf und überprüfen die anhand praktischer Versuche. Die Versuche, die Professor Kliegel mit den Kinderstudenten angestellt hat, könnt ihr gern mit Geschwistern oder Freunden und Freundinnen wiederholen.

Zunächst wollen wir etwas über das retrospektive Gedächtnis erfahren. Bittet dazu euren Partner oder die Partnerin, zehn Begriffe aufzuschreiben und dann laut und langsam vorzulesen. In der Vorlesung waren das die Wörter:

Schlafen, Wecker, Kissen, Decke, Lampe, Schrank, Stuhl, Mond, Vorhang, Nacht.

Anschließend zählt ihr gemeinsam laut von zehn an rückwärts. Nach dieser Ablenkung sollt ihr versuchen, so viele Begriffe wie möglich aus dem Kopf wiederzugeben. Keiner muss sich schämen, wenn ihm das nicht vollständig glückt. Auch im Hörsaalzentrum der TU Dresden gelang das höchstens 50 von tausend Zuhörern.

Was ihr jetzt getestet habt, ist das Kurzzeitgedächtnis. Es speichert nur eine begrenzte Menge von Informationen und auch nur eine begrenzte Zeit. Wie eine Eieruhr läuft es bald ab. Es hält seine Informationen abrufbar, indem es sie ständig wiederholt. Man könnte es auch als Arbeitsgedächtnis bezeichnen. Man kann es ihm leichter, aber auch schwerer machen. Dazu starten wir zwei ähnliche Experimente. Wieder lasst ihr euch zehn Begriffe vorlesen, die inhaltlich gut zusammenpassen. Beim Merken nehmt ihr euch fest vor, euch diese Dinge mit allen Sinnen und ganz lebendig vorzustellen:

Zebra, Esel, Wiese, Löwe, Wärter, Käfig, Futter, Nashorn, Kamel, Tiger.

Wieder verwirren wir uns absichtlich, wenn wir von zehn an rückwärts zählen. Jetzt geht es erneut um das Erinnern. Merkt ihr, dass ihr euch die zehn Begriffe leichter gemerkt habt? In der Vorlesung gelang das jedenfalls nun deutlich mehr Kindern. Eure Vorstellungskraft hat euch geholfen, und schließlich gehören alle diese Begriffe zu einem Oberbegriff, an den ihr bestimmt längst gedacht habt: in den Zoo.

Schwerer können wir es dem Kurzzeitgedächtnis machen, wenn wir es beim Aufnehmen der Informationen stören. Wenn zum Beispiel andere Kinder ständig wie eine Gans schnattern oder wie ein Frosch quaken, während die Merkbegriffe vorgelesen werden.

Was uns wichtig ist, was wir für eine Prüfung, für das Leben, für den Beruf brauchen, um einmal so viel zu wissen wie ein Professor, das müssen wir vom Kurzzeit- in das Langzeitgedächtnis speichern. Das dauert nicht nur etwas länger, das läuft auch so ähnlich wie das Aufräumen im Durcheinander des Kurzzeitgedächt-

nisses ab. Wir schaffen Ordnung, indem wir in Regale und Schubladen sortieren, was wir so an Wissenswertem aufschnappen. Ordnung ist das halbe Leben und das ganze Langzeitgedächtnis. Dazu helfen uns Begriffsfamilien, also große Ordner mit einem Oberbegriff, die dann immer kleiner und spezieller werden. „Tier" zum Beispiel ist ein ganz weiter Begriff. Sagen wir „Vögel", grenzen wir ihn ein, mit „Kanarienvogel" werden wir konkret. Ähnlich die Kette Tier-Fisch-Lachs, da könnt ihr beliebig viel erfinden.

Manchmal spielt uns das Langzeitgedächtnis aber auch einen Streich. Bei der Aufzählung der Tiere und Begriffe aus dem Zoo in unserem Selbstversuch tippen manche darauf, der Affe oder die Parkeisenbahn in Dresden seien auch dabei gewesen. Weil sie so gut in den Ordner passen

würden, meinen wir, sie gehörten zu dieser Aufzählung. Man könnte das einen logischen Irrtum nennen. Er zeigt uns aber auch, wie unser retrospektives Gedächtnis funktioniert. Nicht wie ein perfekter Computer, sondern eher wie ein Aktenschrank. Da geht manchmal ein Blatt aus dem Ordner verloren, und manchmal entdeckt man unerwartet ein passendes Papier wieder.

Es gibt einige Tipps, wie man erfolgreicher in das Langzeitgedächtnis einspeichern, also nachhaltiger lernen kann. Häufiges Wiederholen und Auffrischen hilft immer, lautes Sprechen zum Beispiel beim Lernen eines Gedichtes oder eines Textzitats. Das kluge Aufräumen ist wichtig. Man muss sich Systeme überlegen, wie man aufräumen und ordnen will und dann die passenden „Wissenspakete" schnüren. Was stört das Langzeitgedächtnis? Na die Zeit eben, weil man mit der Zeit doch vergisst. Zu viele Neuigkeiten, die man sich zugleich merken möchte, konkurrieren miteinander und behindern das gründliche Lernen.

Zum Schluss wollen wir noch etwas über das prospektive Gedächtnis erfahren, das man auch als Planungs-gedächtnis bezeichnen könnte. Einen klassischen Fall kennt ihr alle. Während ihr noch beim Kinderprogramm vor dem Fernseher sitzt, ruft die Mutter: „Hol doch bitte zum Abendbrot eine Flasche Saft aus dem Keller!" Es könnte auch ein Glas Senf oder ein Bier für den Papa sein. Nehmen wir an, ihr habt genickt und bestätigt „Ja, mache ich gleich!". Der Sandmann ist vorüber, und auf „Kika" kommt noch ein Film, auf den man nie verzichten kann – und dann ist plötzlich und tatsächlich Abendbrotzeit und ihr habt den Auftrag doch vergessen. Zwischen der Absicht und der Ausführung ist Zeit vergangen. Ihr habt den Auftrag eben nicht sofort ausgeführt.

So geht es dem prospektiven Gedächtnis meistens. Es gibt stets eine ähnliche Kette von Schritten bei einem geplanten Vorhaben: Eine Absicht wird geplant und vorerst gespeichert. Dann muss man sich an sie wieder erinnern, und schließlich wird sie ausgeführt. In der Zwischenzeit lauern viele Gefahren, nicht nur das Fernsehen. Professor Kliegel hat mit den Kinderstudenten ein beliebtes Experiment gemacht, das auch ihr beliebig wiederholen könnt. Er hat Karten mit Gegenständen schnell

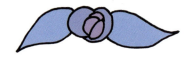

hintereinander gezeigt, die die Kinder laut benennen sollten. Zuvor wurde aber ausgemacht, dass man bei der Karte mit einem Apfel nicht rufen, sondern klatschen sollte. Was meint ihr, wie viele Jungstudenten hereingefallen sind und bei der Apfelkarte trotzdem laut „Apfel" gerufen haben? Es waren nicht nur drei, soviel sei hier verraten.

Ach ja, diese Ablenkung, diese Routine, die Terminänderungen, das Vergessen eben. So, wie der Fahrgast im Zug, der über einem spannenden Buch seinen Zielbahnhof übersieht und vergisst auszusteigen. Zwei Hauptfehlerquellen gibt es. Man vergisst, was man eigentlich holen, bringen oder tun wollte. Oder man hatte einen schlecht gefassten Plan, der unklar und ungenau war und beim Beispiel Zug die Ankunftszeit am Ziel nicht exakt kannte.

Auch dem prospektiven Gedächtnis können wir aufhelfen. Genaue Planung ist schon genannt worden, bewusstes Einspeichern kommt hinzu. Statt des unsicheren Zeitfensters kann man auch einen richtigen Wecker oder andere Hilfsmittel einsetzen. Die Phantasie kennt bei der Nutzung von Gedächtnisstützen keine Grenzen. Der Knoten im Taschentuch ist wohl die berühmteste, weit vor der Büroklammer in der Hose oder dem mit dem Kugelschreiber in die Handfläche geschriebenen Zeichen. Man muss sich dann allerdings erinnern, was eigentlich geplant war. Viel exakter sind selbstverständlich der gute alte Taschenkalender oder der moderne Organizer, ebenso das Handy oder der Computer. Die Pinwand oder die Einkaufsliste erinnern und informieren uns zugleich. Nicht nur vergessliche Men-schen müssen sich vieles zur Erinnerung notieren. Regelmäßig wiederkehrende Gewohnheiten wie etwa das Abendessen stets zur gleichen Uhrzeit stabilisieren unser Gedächtnis ebenfalls.

Kinder können bei den Forschungen von Matthias Kliegel gern mitmachen. Er sucht unter anderem Kinder in eurem Alter, die etwas über das Merken und Behalten erzählen und Gedächtnisspiele am PC ausführen. Anschauen könnt ihr euch seine Forschungen im Internet unter www.entwicklung-dresden.de. Und melden könnt ihr euch unter der TUD-Festnetznummer 463 33263. Bitte auswendig lernen und nie mehr vergessen!

Warum gibt es keinen Neanderthaler unter deinen Mitschülern?

Prof. Dr. Gerd-Christian Weniger, Direktor des Neanderthal-Museums Mettmann

Neanderthaler? Das waren doch diese wilden, klotzigen, keulenschwingenden Halbaffen, die zur letzten Eiszeit vor mehr als 40 000 Jahren lebten? Oder etwa nicht? Sie begegnen uns doch heute noch als Drängler auf der Autobahn oder als ungehobelte Typen in einer Kneipe. So werden unangenehme Zeitgenossen jedenfalls gern beschimpft, zu Unrecht beschimpft, um es vorweg zu nehmen. „Der benimmt sich schlimmer als ein Neanderthaler", hört man vielleicht auch in der Schule. Also gibt es doch Neanderthaler unter euren Mitschülern?

Nein. Der Neanderthaler ist ausgestorben und trotzdem in aller Munde. Nicht nur als beliebtes Schimpfwort. In den Medien ist er ziemlich lebendig. Im Film „Lapislazuli – im Auge des Bären" wird ein im Eis der Alpengletscher eingefrorener Neanderthalerjunge durch einen Meteoriteneinschlag wieder zum Leben erweckt. Er trifft dann ein Mädchen aus unserer modernen Zeit. Die Wochenzeitung „Die Zeit" kürte den Neanderthaler 150 Jahre nach seinem ersten Fund im Jahr 2006 zum berühmtesten Deutschen. Wissenschaftliche Zeitschriften, aber auch Tageszeitungen finden ihn viel schlauer als angenommen und fragen sich nur, warum er vor etwa 30 000 Jahren ausstarb, unsere direkten Vorfahren aber nicht. In den Karnevalshochburgen am Rhein ist er eine beliebte Figur auf den Umzugswagen. Und die kleinen Knete-Männchen, die für die Sportschau der ARD im Fernsehen geworben haben, wurden durch den Neanderthalerfund inspiriert.

Mettmann ist eine Stadt zwischen Düsseldorf und Wuppertal, nicht weit vom Rhein gelegen. Vor allem aber liegt sie am Neandertal, wo im Jahr 1856 erstmals Knochen menschlicher Vorfahren entdeckt wurden, die für Wissenschaftler eine Sensation bedeuteten. Der Neanderthaler war gefunden, benannt nach dem Tal, das damals noch mit „th" geschrieben wurde. Seit 1996 gibt es dort ein Museum, das die Entwicklung der Menschheit dokumentiert.

Direktor Gerd-Christian Weniger bezeichnet sich selbst als „Berufsneanderthaler", weil er diesem netten Urmenschen täglich begegnet und mit ihm per „Du" ist. Sein Arbeitsgebiet ist so spannend, dass er viel herumreist und zum Beispiel auch Kinderstudenten davon erzählt. Immerhin gibt es auf der Welt inzwischen ungefähr 200 Forschungsinstitute, die sich auch mit dem Neanderthaler befassen.

Aufregend war der Neanderthaler von Anfang an, aber keineswegs beliebt. Professor Weniger spricht sogar von einem Bürgerschreck. Denn er wurde zu einer Zeit entdeckt, als viele Menschen noch wörtlich an die Schöpfungsgeschichte des Alten Testaments der Bibel glaubten. Das tun übrigens einfältige Menschen, vor allem in den USA, bis heute noch. Die biblische Geschichte erzählt, dass die Welt in sechs Tagen erschaffen wurde und wir Menschen als Krone der Schöpfung zum Schluss. Viele konnten sich nicht vorstellen, dass wir heutigen Menschen nicht von Anfang an so existierten, sondern selbst eine Entwicklung durchlaufen haben. Der Mensch ist eitel und möchte einmalig sein. Also kann der neuzeitliche Homo sapiens sapiens, über-setzt „der weise, kluge Mensch", doch unmöglich ein Produkt von affenähnlichen Wesen sein!

Die Forscher aber, sozusagen die Berufsneugierigen, hat schon lange vor dem Neanderthaler die Frage nach unserer Herkunft interessiert. Mit dieser zentralen Frage hängt auch die nach dem Aufbau der Welt zusammen. Welche Struktur, welche Ordnung hat die Natur? Der schwedische Naturforscher Carl von Linné hatte schon im Jahr 1753 ein Bahn bre-chendes Buch über das „Natursys-tem" geschrieben. Darin sind bereits Urmenschen abgebildet, die anders aussahen als wir heute. Linné glaubte anfangs noch daran, dass die Arten konstant bleiben. Der Engländer Charles Darwin ging ein Jahrhun-dert später einen Schritt weiter. Ihn beschäftigte die Herkunft, der Stammbaum der Lebewesen. Durch Vergleiche kam er darauf, dass die Arten eben nicht konstant sind. Sie entwickeln sich, und je nach Anpas-sung an ihre Umgebung breiten sie sich aus oder gehen unter. Eine ge-dankliche Revolution für die damali-ge Zeit! Nach dem, was ihr über die allgemeine Verunsicherung durch den Neanderthalerfund gelesen habt, könnt ihr euch vorstellen, dass Dar-

stand in Afrika, behauptet er darin. Handfeste Beweise hatte er noch nicht, nur den in Europa gefundenen Neanderthaler. Aber er sammelte wie ein Detektiv alle möglichen Anhaltspunkte, Indizien sagt man auch dazu. Zum Beispiel die Tatsache, dass es in Afrika nur so von Menschenaffen wimmelt. Darwin hat mit seiner damals noch sehr gewagten Vermutung Recht behalten, wie wir heute wissen. Fest stand für ihn aber, dass wir als Menschen schon eine lange Ahnenreihe haben müssen. Damals wurden zunehmend Fundstellen von ausgestorbenen Tieren wie Waldelefant, Höhlenlöwe oder Höhlenbär entdeckt, die auch Produkte menschlicher Intelligenz enthielten. Faustkeile oder andere steinerne Werkzeuge konnten nicht auf natürlichem Weg entstanden scin, sondern waren offensichtlich gezielt hergestellt worden.

win es zunächst nicht wagte, sein Buch über den Ursprung der Arten zu veröffentlichen. Einen Abguss des Fundes hatte er übrigens auf seinem Schreibtisch. Denn er diente ihm als Kronzeuge für die These, dass auch der Mensch einen längeren, womöglich schon Millionen Jahre dauernden Entwicklungsprozess hinter sich hat. Erst 1859 trat Darwin mit seiner Entwicklungstheorie an die Öffentlichkeit, drei Jahre nach dem Fund des Neanderthalers.

So wird ein Genie manchmal von einer Umgebung ausgebremst, die ihn nicht verstehen kann oder will. Auch mit einer anderen kühnen Theorie war Darwin seiner Zeit voraus. 1871 veröffentlichte er ein Buch über die Abstammungsgeschichte des Menschen. Die Wiege der Menschheit

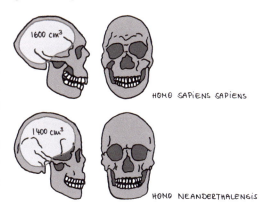

HOMO SAPIENS SAPIENS

HOMO NEANDERTHALENGIS

Wo ist nun der Neanderthaler einzuordnen, wo marschiert er in der langen Reihe unserer Vorfahren? Ist er überhaupt ein direkter Vorgänger des modernen Kulturbürgers in Maßanzug oder Abendkleid? Zum Zeitpunkt seiner Entdeckung konnten die Wissenschaftler eigentlich nur auf zwei Fakten bauen. Man kannte die Skelette von Menschen und Menschenaffen wie den Schimpansen und konnte sie miteinander vergleichen. Der Neanderthaler musste irgend-wo zwischen beiden stehen. Hinzu kamen die Werkzeugfunde. Und man wusste etwas von der

Lebensweise sogenannter Urmenschen. Sie hatten keine Häuser, sondern wanderten als Nomaden umher, und das nicht etwa auf befestigten Landstraßen.

Der Wissenschaft kamen aber auch alte Erzählungen und Sagen zu Hilfe, die überliefert waren. Mythen nennen wir solche Berichte, in denen Phantasie und Wirklichkeit verschmelzen. Immer fallen in Sagen und Legenden wilde Männer oder wilde Frauen auf, die furchterregend

aussehen und möglichst noch eine Keule schwingen. So auch in der ältesten schriftlich festgehaltenen Erzählung der Menschheit, dem Gilgamesch-Epos, das im 7. Jahrhundert vor unserer Zeitrechnung in Assyrien auf Tontafeln geritzt wurde. Es handelt vom Verhältnis der Menschen zu ihren Göttern, von ihrem erwachenden Selbstbewusstsein und eben vom ziemlich rüpelhaften König Gilgamesch aus Uruk. Dem schicken die Götter als Gegenspieler einen noch wilderen Tiermenschen, einen ungeheuer starken Jäger namens Enkidu. Den stellte man sich nackt und stark behaart und mit primitiven Werkzeugen ausgestattet vor. Gilgamesch und Enkidu werden in der Geschichte sogar Freunde. Aber für die Forscher des 19. Jahrhunderts mit ihrem geringen Faktenwissen lag die Vermutung nahe, dass Enkidu und die anderen wilden Sagengestalten niemand anderes als Neanderthaler gewesen sein können.

Mit der Entdeckung des Neanderthalers nahmen aber die ur- und frühgeschichtlichen Wissenschaften einen großen Aufschwung. Die erste und wichtigste ist die Archäologie, also die Altertumskunde. Die Spurensuche im Boden oder auch in

Höhlen setzte verstärkt ein. Gegraben wurde nach Lagerplätzen, Gebäuderesten, Feuerstellen, Werkzeugen, nach Resten von Tieren und ihrer Jagd, von Pflanzen und schließlich nach menschlichen Überresten, also vor allem Knochen und Zähne. Heute, wo das Bewusstsein für Vergangenes viel stärker ausgeprägt ist, ist die Archäologie eine richtig populäre Wissenschaft. Sachsen baut gerade ein großes Landesmuseum, ein „Haus der Archäologie", in Chemnitz aus.

Die Archäologie zog die Paläoanthropologie nach sich. Das ist die Wissenschaft vom Ursprung und der Entwicklung des Menschen. Sie stützt sich vor allem auf die fossilen Funde von Überresten. Vom Neanderthaler beispielsweise gibt es inzwischen etwa 300 Funde. Von manchem unserer urzeitlichen Mitbewohner existiert nur noch ein einzelner Zahn, von anderen ist das Skelett zu 80 Prozent erhalten. Ihr glaubt nicht, was den Experten ein einzelner Zahn erzählen kann. Menschen machen bekanntlich einen Zahnwechsel vom Milchgebiss zu den bleibenden Zähnen durch. Bei euch dürfte die Erinnerung an die Wackelzähne noch frisch sein. Daraus

kann man Rückschlüsse auf die Entwicklung dieses einzelnen Menschen, aber auch auf die gesamte Menschenform ziehen. Und Skelette lassen sich gut miteinander vergleichen. Aus ihnen können erfahrene Forscher das gesamte Aussehen rekonstruieren und auf Lebensgewohnheiten schließen. Den vielen Forschern weltweit, die sich für einen Fund interessieren, muss man einen Totenschädel nicht mehr mit der Post schicken. Er wird vielmehr am Computer von allen Seiten gescannt und als dreidimensionales Bild gespeichert. Diese Datei kann man an Stelle des Originalknochens per E-Mail verschicken oder ins Internet stellen. Das macht es jungen Forschern leichter und schont die Objekte, die dann nicht mehr bei irgendeinem Kollegen auf der Welt vom Schreibtisch kullern können.

Erst seit 1997 gibt es den jungen Wissenschaftszweig der Paläogenetik. Von Genen und der Genetik könnt ihr in diesem und in früheren Büchern zur Dresdner Kinder-Universität immer wieder etwas lesen. Zum Beispiel in der Vorlesung über das Altern oder in der Antwort auf die Frage „Warum sehen wir unseren Eltern ähnlich?" Die Genetik ist die Wissenschaft von der Verschlüsselung unserer Erbanlagen in den Chromosomen, genauer in der DNA, und von deren Vererbung. Solche Erbanlagen besaßen selbstverständlich auch schon die urigen Urmenschen wie der Neanderthaler. Wenn es nach zehntausenden von Jahren noch gelingt, eine solche DNA in einem Knochen zu finden, ist das eine wissenschaftliche Meisterleistung. Professor Weniger würdigt deshalb besonders seinen schwedischen Kollegen Svante Pääbo, der seit 1997 Fachdirektor an einem Leipziger Forschungsinstitut ist. Pääbo hat erstmals am Originalfund des Neanderthalers von 1856 solch eine fossile DNA feststellen können. Das ist sehr schwierig, denn die organischen Substanzen wie Haut oder Fleisch, in denen man hauptsächlich das Eiweiß der DNA findet, zerfallen sehr schnell und stehen uns schon nach wenigen Jahren nicht mehr zur Verfügung. 50 Funde hat Professor Pääbo analysiert, aber nur in 15 überhaupt eine DNA gefunden. Auch sie kann den Forschern einiges über die Entwicklungsgeschichte erzählen.

So ist nach und nach ein anderes, reales Bild vom Neanderthaler entstanden als das des dummen, wilden und keulenschwingenden Vormenschen.

Die Keule auf manchen Darstellungen sei sowieso Quatsch, regt sich Museumsdirektor Weniger auf. Noch nie sei eine Keule bei einem Skelett gefunden worden. Die von Künstlern rekonstruierte Neanderthaler-Figur aus seinem Museum in Mettmann ist eher eine sympathische, ungefähr 1,65 Meter große Erscheinung, für damalige Verhältnisse ein Senior jenseits der 50 Jahre. Er erregt mit seiner Verletzung durch einen Hieb oder Sturz an der Schläfe eher unser Mitleid. Auch sein linker Unterarm muss durch einen Unfall in der Jugend gebrochen worden und danach nicht mehr richtig zusammengewachsen sein. Er war behindert, wie wir heute sagen würden, konnte seinen linken Arm nicht mehr richtig bewegen, strecken, beugen oder drehen. Darauf weist auch sein viel dickerer rechter Arm mit einem stärkeren Knochen hin, der die meiste Arbeit leisten musste. Auch ein Nichtfachmann kann sich dazu leicht eine Geschichte ausdenken und erkennen, dass ein solcher Neanderthaler ohne Hilfe nicht dieses Alter erreicht hätte. Es müssen sich also Mitmenschen um ihn gekümmert und gesorgt haben. Bei ihnen muss es sich, so schlussfolgern wir, um intelligente, sozial empfindende Wesen gehandelt haben.

1 HOMO ERECTUS
2 HOMO SAPIENS PRAESAPIENS
3 HOMO SAPIENS NEANDERTHALENSIS
4 HOMO SAPIENS
5 HOMO SAPIENS SAPIENS

Immerhin haben sie in Europa mehrere hunderttausend Jahre gelebt, und das zuletzt in einer Eiszeit unter schwierigen klimatischen Verhältnissen. Jetzt wissen wir aber immer noch nicht, wo der Neanderthaler im Stammbaum der Menschheit einzuordnen ist. Die besonders Schlauen unter den Lesern schauen jetzt im ersten Buch der Kinder-Universität unter der Vorlesung „Warum sind wir alle Afrikaner?" nach. Dort kann man zumindest erkennen, dass der Neanderthaler auf ähnlich hoher Stufe wie unsere direkten Vorfahren stand, aber sozusagen in einer Sackgasse endete und heute ausgestorben ist. Wie kam es dazu?

Schon Darwin hatte richtig vermutet, dass die Wiege der Menschheit in Afrika stand. Die ältesten Zeugen dieser „Kindheit" sind etwa 4 Millionen Jahre alt, und seit ungefähr zwei Millionen Jahren sprechen wir von der Gattung „Homo", also Mensch. Ihre Verbreitung über die anderen Kontinente begann vor etwa 1,9 Mil-lionen Jahren, als Menschen Afrika in Richtung Asien und Europa verließen. Eine zweite „Auswanderungswelle" gab es vor 700 000 Jahren, eine dritte vor 100 000 Jahren. Europa war damals für mutige Afrikaner ein Grenzfall, denn wegen der großen Kälte kam man nicht weit voran nach Norden.

Vor 300 000 Jahren passiert Entscheidendes parallel in Afrika und in Europa. Zu dieser Zeit sind diese beiden Kontinente und Asien von der sehr vielseitigen und großen Menschengattung Homo erectus besiedelt. In Europa entwickelt sich in der mittleren Altsteinzeit daraus der Neanderthaler. Als Steinzeit, lateinisch Paläolothikum, wird der über zwei Millionen Jahre dauernde Abschnitt der Menschheitsgeschichte bezeichnet, in dem steinerne Werkzeuge bewusst hergestellt wurden und das Feuer schon genutzt werden konnte. Gegenüber dem Homo erectus veränderte sich das Skelett des Neanderthalers, vor allem der Schädel.

MODERNER MENSCH → HOMO SAPIENS — 0,01 Mio

HOLOZÄN UND ANTHROPOZÄN

PLEISTOZÄN – ENTWICKLUNG DES MENSCHEN ← NEANDERTHALER — 1,8 Mio

PLIOZÄN – ENTSTEHUNG DES VORMENSCHEN

MIOZÄN – ENTSTEHUNG DER PRIMATEN — 23 Mio / 5 Mio

OLIGOZÄN – BLÜTEZEIT DER HUFTIERE

EOZÄN – ENTSTEHUNG DER URHUFER — 54 Mio / 65 Mio / 37 Mio

PALÄOZÄN – BLÜTEZEIT DER SÄUGETIERE

KREIDE – BLÜTE PFLANZEN — 112 Mio

ERSTE VÖGEL

DINOSAURIER, — 208 Mio

JURA – NACKTSAMER, SÄUGETIERE

TRIAS – ERSTE DINOSAURIER, SÄUGETIERE — 245 Mio

ALLER TIERE

50% DER POPULATIONSMASSE

SCHWEINS ← MIT GRÖSSE EINES — 286 Mio

FRÜHE RIESENREPTILIEN

BLÜTEZEIT DER REPTILIEN,

PERM

DEVON — 408 Mio

KNOCHENFISCHE, ALGEN, INSEKTEN, LANDPFLANZEN

ORDOVIZIUM – ERSTE WIRBELTIERE — 510 Mio / 550 Mio

KAMBRIUM – ERSTE TIERE MIT HARTTEILEN — 700 Mio

ENTSTEHUNG VON WÜRMERN

PROTEROZOIKUM

ÄLTESTE MIKROORGANISMEN

ARCHAIKUM — 4600 Mio JAHRE / URKNALL

QUARTIÄR JUNGZEIT

TERTIÄR NEUZEIT

NEOZOIKUM (VERALTET KÄNOZOIKUM)

MESOZOIKUM MITTELZEIT

PALÄOZOIKUM ALTZEIT

PRÄKAMBRIUM URZEIT

Kulturell zeigte er keine auffälligen Fortschritte. In Afrika hingegen wandelt sich der Homo erectus etwa zwischen 160 000 und 190 000 vor unserer Zeitrechnung zum modernen Menschen, zu unserem Vorläufer Homo sapiens. Der bleibt auch nicht am heimischen Herd sitzen, sondern wandert. Vor 100 000 Jahren ist er schon in Südafrika angekommen, ebenso in nördlicher Richtung im heutigen Palästina. Afrika aber bleibt die Heimat des Homo sapiens, Europa die des Neanderthalers. Jetzt kommt es zu einem spannenden Nebeneinander der beiden Menschenformen. Um 50 000 vor unserer Zeit finden wir beide in Palästina. Mal wohnt der eine in der Höhle, mal der andere. Ihre Werkzeuge bleiben sich ähnlich. Die Fundstelle Obi-Rakhmat in Usbekistan aus dieser Zeit lässt keinen eindeutigen Schluss zu, ob es sich noch um Neanderthaler oder schon um moderne Menschen handelt. Auch bei dem berühmten Grab eines zehnjährigen Neanderthalerkindes von Teschik Tasch in Usbekistan sind sich die Wissenschaftler nicht mehr sicher, ob es wirklich ein Neanderthalerkind war. Gleichzeitig entstehen aber am östlichsten Rand des Verbreitungsgebietes des Neanderthalers, also zwischen Kaspischem Meer und Aralsee, neue Werkzeuge. Es sind lange schmale Klingen aus Stein, Knochen-, Geweih- und Elfenbeinspitzen, die jetzt die Werkzeugkiste unserer Vorfahren komplettieren. Die Knochengeräte dienen als Spitzen für Waffen und Messer. Höhlenmalereien und Knochenfigürchen zeigen erste Ansätze künstlerischer Tätigkeit. Sie läuten die letzte Epoche der Altsteinzeit ein, das Jungpaläolithikum. Mit ihm dringt von Osten her allmählich auch der moderne Homo sapiens vor, der sich von Afrika ausgebreitet hatte. Die Höhle von Pestera cu Oase in Rumänien ist mit 40 000 Jahren die älteste bekannte Fundstelle des modernen Menschen in Europa.

Er ist aber dem Neanderthaler technisch und kulturell nicht überlegen. So ist der Rückzug der Neanderthaler nach West- und Südeuropa nicht zu erklären, wo in Spanien ihre letzten Spuren enden. Neu ist höchstens die Neigung des Homo sapiens zur Kunst. Schmuck aber fertigten auch die späteren Neanderthaler schon aus durchbohrten Knochen, Geweihen und Muscheln oder geschnitztem Elfenbein an. Und sie benutzten Farbsteine, um damit auch auf weichen Untergründen wie Haut, Kleidung oder Zeltwand zu malen. Das haben Spurenuntersuchungen an gefundenen Farbsteinen ergeben. Beachtlich ist auch, dass sie ihre Toten nicht einfach liegen ließen, sondern bestatteten. Das ist eine geistige und kulturelle Leistung, die zeigt, dass sie über ihr Leben und sein Ende nachgedacht haben müssen. „Die Neanderthaler waren richtige Menschen!" fasst Professor Weniger die neuen Erkenntnisse der letzten Jahre zusammen.

Warum haben sie dann trotzdem nicht überlebt? Was ist mit ihnen geschehen? Eine Frage, über die Wissenschaftler gern und heftig diskutieren. Hat er sich mit dem modernen Menschen vermischt und ist in seinem Erbgut einfach aufgegangen? Nein, meint Professor Weniger. Schuld war einmal mehr das Wetter, lautet seine Theorie. Richtig spaßig ist das nicht, denn das Klima unterlag in der für die Neanderthaler kritischen Zeit bis etwa 30 000 vor unserer Zeit heftigen Schwankungen. Während der Eiszeit kam es zu Sprüngen der Durchschnittstemperatur innerhalb von 100 bis 200 Jahren, das sind erdgeschichtlich sehr kurze Perioden. Im Extremfall sollen solche Sprünge sogar bis zu zehn

Grad in zehn Jahren betragen haben. Über die Gründe, die auch mit Schwankungen der Sonneneinstrahlung zu tun haben, gibt es komplizierte Theorien. Nachgewiesen sind diese sogenannten Heinrich-Events aber durch Tiefseebohrungen im Nordatlantik. Dort hat man Schichten von fein gemahlenem Steingrus gefunden. Die bis zu 60 Zentimeter starken Lagen werden in östlicher Richtung immer dünner und sind nahe dem europäischen Festland kaum noch nachweisbar. Die Theorie besagt nun, dass wegen kurzzeitiger Erwärmung und Wiederabkühlung riesige Eisberge vom nordamerikanischen Eisschild abgebrochen und Richtung Osten gedriftet sind. Dabei schmolzen sie ab und setzten zugleich das feine Material von Sand und Oberflächenmaterial ab, das sie vom Festland abgerieben hatten. Sechs solcher Heinrich-Events sind bekannt.

Diesen Klimaattacken waren die europäischen Neanderthaler ebenfalls ausgesetzt. Wie ein Jojo drangen Eis und Kälte von Norden nach Süden vor und zogen sich wieder zurück. Hin und her. Zugleich muss im Mittelmeerraum eine lange und extreme Trockenheit geherrscht haben. In der

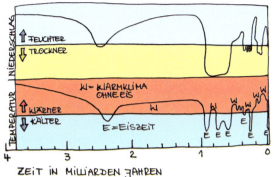

ner Dresdens lebte in dem riesigen Raum. Ihre Zahl wird unter günstigen Bedingungen im Höchstfall auf 160 000 geschätzt, unter extremen Bedingungen sogar nur auf 25 000.

Gegend des Toten Meeres und des Sees Genezareth im heutigen Israel, wo damals ein großer gemeinsamer See lag, soll der Wasserspiegel um 50 Meter gesunken sein. Speziell für das H4-Heinrich-Event ist eine solche Trockenheit nachgewiesen, so dass das Mittelmeer nicht besiedelt werden konnte. Damit schied ein wichtiger Rückzugsraum für die Neanderthaler aus. Sie konnten nicht wie die heutigen Touristen mal schnell nach Süden ausweichen, wenn es ihnen im Herbst zu kalt in Deutschland wird. Man muss sich diesen Stress einmal vorstellen, wenn die kleinen Gruppen mit Sack und Pack von den britischen Inseln oder dem Ural im heutigen Russland vor der Kälte fliehen wollten. Und dann traf man am Mittelmeer auch nur auf eine wüstenähnliche Landschaft! Europa war damals noch extrem dünn besiedelt. Nicht einmal ein Drittel der Bewoh-

Alle diese Belastungen haben wahrscheinlich dazu geführt, dass die Neanderthaler schlichtweg ausgestorben sind. Die nachrückenden modernen Menschen haben sie jedenfalls nicht verfolgt und vernichtet. Sie sind ihnen vermutlich selten begegnet, wenn auch eine teilweise Vermischung nicht ausgeschlossen ist. Die Paläogenetik hat nämlich Hinweise gegeben, dass wir im X-Chromosom noch Gene der Neanderthaler haben. Also sind die Beschimpfungen von unmöglichen Mitschülern, Autofahrern oder gar Politikern als „Neanderthaler" doch ein bisschen gerechtfertigt??? Der Homo sapiens hatte selbst mit den Wetterkapriolen zu kämpfen und wurde insbesondere um 20 000 vor unserer Zeit in Mitteleuropa nochmals dezimiert. Da saßen seine – also unsere – Artgenossen aber schon im heutigen Frankreich, Belgien, Spanien oder in Osteuropa. Um 30 000 hatte die kontinuierliche Besiedlung Europas begonnen, die nun unter günstigeren Klimavorzeichen stand. Und da wohnen wir heute noch …

Wie viel vom Neanderthaler steckt wirklich noch in uns? Im Neanderthal-Museum von Professor Weniger kann man am Schluss des Rundganges mit dieser Frage spielen. Besucher können sich fotografieren lassen, und dann macht der Computer aus ihrem Foto einen Neanderthaler. „Morphen" nennen das die Museumsleute in Mettmann. Das Kinn tritt zurück, und auch die Stirn wird flacher und flieht nach hinten. Dafür wird die Nase größer, dicker und länger, und die Überaugenwülste stehen stärker hervor. Der gesamte Kopf wird in die Länge gezogen. Jetzt seid ihr Neanderthalerkinder. Oder? Selbstver-

ständlich bleibt Max der Max und Paula die Paula. Aber man erkennt bei einem solchen Experiment, dass die Neanderthaler ganz ähnliche Menschen waren wie wir.

Wie sie wirklich waren, versuchen die Forscher zu erkennen, indem sie wie bei einem Puzzle Teilchen für Teilchen zusammenzusetzen. Jeder neue Fund ist ein solches Teil. Über endgültige Wahrheiten verfügt ein Wissenschaftler niemals. Aus Vermutungen werden Wahrscheinlichkeiten und allmählich Gewissheiten. Vorläufige Gewissheiten! Dabei wandelt sich das Bild vom Neanderthaler immer wieder. Auch für euch kann er zu einem neuen Freund werden, auf den man neugierig ist und den man immer besser kennenlernen will.

Warum macht Musik glücklich?

Prof. Dr. S. Gies u. Prof. Dr. W. Lessing, Hochschule für Musik Carl Maria von Weber Dresden

Ob Musik glücklich macht? Die jungen Kommilitonen der Dresdner Kinder-Universität hätten diese Frage nach den ersten fünf Minuten der Vorlesung gewiss mit einem lauten „Ja" beantwortet. Da spielten nämlich Professor Lessing auf dem Violoncello und Professor Gies auf der Gitarre gemeinsam eine zu Herzen gehende Melodie aus dem Film „Titanic". Der Film endet mit dem Untergang des legendären Riesenschiffes ja nicht gerade glücklich. Aber diese schlichte Melodie sorgte für plötzliche Stille im Saal des Hygiene-Museums. Ihrem melancholischen, süßen Reiz konnte sich niemand entziehen. Sie lud dazu ein, sich zu entspannen, ruhig und glücklich zu werden. Vielen wurde, wie man so schön sagt, warm ums Herz.

Eine andere Musik, ein Hip-Hop zum Beispiel oder ein Wiener Walzer,

hätte andere Stimmungen erzeugt. Ob Musik immer glücklich macht, ist also nicht die wichtigste Frage. Wesentlich bleibt, dass uns Musik bewegt und verborgene Empfindungen in uns anspricht. Davon wussten schon die Menschen in der Steinzeit, obschon sie keine so schön klingenden Instrumente besaßen, wie wir sie heute zur Verfügung haben. Musik spricht unmittelbar die Gefühle an. Sie kann glücklich oder traurig stimmen, sie kann uns lockern und entspannen, aber auch wild und aggressiv machen. Sie kann auch ein Gefühl vermitteln, dass man zusammengehört und dass man gemeinsam in der Lage ist, schwierige und gefährliche Aufgaben zu bewältigen. Die Steinzeitmenschen haben sich Mut angesungen, bevor sie losgezogen sind, um den Säbelzahntiger zu erlegen. Nach der biblischen Überlieferung des Joshua sollen die Israeliten zur Eroberung Jerichos Posaunen geblasen haben, die die Mauern einstürzen ließen und die Verteidiger lähmten. Heute singen die Fußballfans, wenn sie Angst haben, dass ihr Verein verliert oder wenn sie jubeln, weil er schon achtzehn zu null führt. Wir können also festhalten: Musik dringt direkt in unser Innerstes ein. Dorthin, wo unsere Empfindungen,

Stimmungen und Gefühle zu Hause sind. Manche Menschen nennen diesen Ort die Seele. Na, dann haben wir

sie ja endlich gefunden, die Seele, die wir in einer anderen Vorlesung dieses Buches mit Professor Grönemeyer schon einmal im Körper gesucht haben. Alle Sinneswahrnehmungen, auch das Sehen mit den Augen, der Tast- und Geschmackssinn sprechen die Seele an. Aber uns geht es vor allem um die Ohren. Und wir wollen als neugierige junge Menschen wissen, wie über sie denn nun Gefühle ausgelöst werden. Ohren reagieren übrigens auch auf die „Musik", die wir mit der gesprochenen Sprache erzeugen. Das folgende Experiment aus der Kinder-Universität könnt ihr jederzeit mit einem Lehrer oder einem Mitschüler nachvollziehen und eure Reaktion darauf beobachten.

Nehmen wir an, es ist zu laut im Kinderzimmer, im Klassenzimmer oder in einem Saal. Die Eltern, eine Lehrerin oder ein Professor möchten für Ruhe sorgen. Sie tun das auf drei verschiedene Weisen:

- Sie zeigen ein Schild mit der Aufschrift :
- Sie brüllen euch an: „Hört endlich auf, so einen Krach zu machen!"
- Sie flehen höflich: „Könnt Ihr bitte ein bisschen leiser sein?"

Was kommt am ehesten bei euch an und zeigt die beabsichtigte Wirkung? „Der Ton macht die Musik", sagt eine Redensart. Was ihr auf dem Schild lest, lässt euch vermutlich ziemlich kalt. Das ist eine Information für den Verstand. Wenn euch hingegen jemand anschreit, dann schaltet ihr vielleicht auf stur und denkt: „Blöde Erwachsene!". Aber wenn jemand ganz lieb „bitte, bitte" säuselt, dann bekommt ihr möglicherweise ein schlechtes Gewissen. Der Klang der Sprache und erst recht der Klang der Musik können also unmittelbar auf die Gefühle einwirken und sie in eine bestimmte Richtung lenken.

Das klingt schon nach Zauberei. Unser Ohr nimmt Schallwellen auf, leitet sie in den Körper hinein und – hokuspokus – werden daraus Gefühle. Das Ohr selbst ist bei dieser „Zauberei" gar nicht das Allerwichtigste. Die Ohren sind im Grunde genommen sogar dumm oder, vornehmer ausgedrückt, zumindest neutral. Denn sie haben keine Ahnung, ob es sich bei den Schallwellen, die sie transportieren, um Musik, um Wörter oder nur um Geräusche handelt. Sie übertragen kommentarlos alles, was ihnen zu Ohren kommt, einen Presslufthammer ebenso wie Vogelgezwitscher oder eine gewaltige Sinfonie im Konzertsaal. Ohren haben also eine reine Boten- oder Übermittlungsfunktion. Vielleicht kann man sie am ehesten mit dem Briefträger vergleichen, der uns die Post bringt. Der bringt gute Nachrichten, schlechte Nachrichten, Pakete, Rechnungen, Liebesbriefe oder Urlaubs-

karten. Was in der Post geschrieben steht und was wir damit machen – ob wir sie lesen, uns darüber freuen, sie jemandem vorlesen, sie an die Wand pfeffern, in unser Album kleben oder achtlos in den Papierkorb werfen – ist dem Postboten gleichgültig.

Bei manchen Schallwellen streikt unser Ohr aber. So, wie der Briefträger Pakete einer bestimmten Größe gar nicht erst annimmt, gibt es auch Schallwellen, die unser Ohr nicht weiterleitet. Es kann nur mit bestimmten Frequenzen etwas anfangen, wie der Fachmann sagt, nämlich solchen, die zwischen 20 und maximal 20 000 Schwingungen pro Sekunde liegen. Vielleicht haben einige von euch schon einmal eine Hundepfeife gesehen. Wenn ihr in die hinein blast, hört ihr rein gar nichts. Die Schwingungen sind einfach zu hoch für das menschliche Ohr. Ultraschall heißt dafür der Fachbegriff. Ein Hund allerdings kann diese hohen Töne noch hören, bei ihm ist die „Ohrpost" großzügiger. Wenn ihr ihn gut erzogen habt, kommt er sofort herbeigelaufen.

Unser Ohr weiß also erst einmal nicht, ob es sich bei dem, was wir hören, um Musik oder irgend einen anderen Krach handelt. Es kann schon gar nicht beurteilen, ob uns diese Musik gefällt, anregt, beruhigt und vielleicht sogar glücklich macht. Mit Gefühlen haben das Ohr und seine zahlreichen Windungen nichts am Hut. Die kommen erst später ins Spiel. Und zwar in unserem Gehirn.

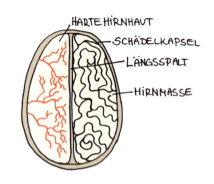

Damit ihr das versteht, gibt es jetzt erst einmal einen Grundkurs zur Hirnforschung. Jeder hat ein Gehirn, auch wenn er sich manchmal so dumm anstellen sollte, dass es ihm von Mitmenschen abgesprochen wird. Wie sieht diese Denkmasse in unserem Kopf eigentlich aus? Auf die Form und Größe kommt ihr etwa, indem ihr beide Fäuste mit den Innenseiten gegeneinander haltet. Das Gehirn besteht ebenfalls aus zwei Teilen wie die beiden Fäuste, der rechten und der linken Gehirnhälfte. Beide Teile sind an einer Stelle wie durch eine kleine Brücke miteinander verbunden, etwa so, wie sich die Gelenke an der Handwurzel berühren.

Jetzt müsst ihr euch noch vorstellen, eure beiden Fäuste wären so mit einer dicken Haut umkleidet wie die beiden Gehirnhälften. Diese Haut nennt man Großhirnrinde. Sie ist wie bei einer Baumrinde nicht glatt, sondern ganz runzlig und geschuppt

und hat zahlreiche Wölbungen. Diese Rinde ist für unser gesamtes Wahrnehmen und Denken zuständig, für alles, was eben ein Köpfchen erfordert. Wenn ihr sprecht, werden Teile dieser Rinde elektrisch aktiviert, ebenso wenn ihr etwas seht, hört oder riecht. Diese elektrischen Impulse kann man mit sehr empfindlichen Geräten sogar messen und erkennen, welche Teile der Rinde für spezielle Wahrnehmungen zuständig sind. Auch wenn ihr euch an etwas erinnert, werden in der Gehirnrinde Impulse ausgelöst, die dann weitergeleitet werden und bestimmte Netze bilden, durch die diese Erinnerungen dann in euch lebendig werden. Aha, merken jetzt die schlauen Leser, über das Gedächtnis und das Erinnern und Vergessen steht doch auch etwas in diesem Kinderbuch! Nun kommt noch etwas hinzu. Auch die Musik, die wir hören, wird zu einem Großteil in der Großhirnrinde verarbeitet. Hier wird entschieden, ob es sich bei den Schallwellen wirklich um Musik oder eine gesprochene Mitteilung oder ein Geräusch handelt. Diese Einordnung haben wir frühzeitig als Kinder einmal gelernt, und die Großhirnrinde vergleicht jetzt gewissermaßen den ankommenden Schall mit der gespeicherten Erfahrung.

Jetzt sind aber noch wichtige Fragen offen. Wie gelangen eigentlich die Schallwellen, die unser Ohr wie ein Briefträger weiterleitet, in die Großhirnrinde? Und wie erzeugen sie letztlich Gefühle?

Gefühle stellen sich manchmal schneller ein als die Erkennung und Verarbeitung des Schalls in der Großhirnrinde. Wieder ein treffendes Beispiel dazu: Stellt euch vor, ihr würdet nachts durch einen Urwald laufen, wovon ihr bestimmt jeden Tag träumt. Es ist ganz, ganz dunkel und ihr hört nur euer Herz klopfen. Plötzlich hört ihr ganz nah an eurem rechten Ohr ein wildes Fauchen, wie man es als Mensch kaum vormachen und schon gar nicht beschreiben kann. Ein heftiges Wildschweingrunzen in unmittelbarer Nähe bei einer Nachtwanderung in der Dresdner Heide würde es aber auch schon tun.

Was passiert? Diese fauchenden oder grunzenden Schallwellen werden in elektrische Impulse umgeformt und gelangen in unser Gehirn. Allerdings nicht sofort in die Großhirnrinde, sondern zunächst einmal in die inneren Regionen des Gehirns. Guckt auf eure beiden Fäuste. Dann seht ihr, dass es in der Mitte eine Art Höhle gibt. In dieser Höhle liegen die Teile des Gehirns, die für Gefühle zuständig sind. Dorthinein gelangen die in elektrische Impulse umgeformten Schallwellen auf ihrer Reise zur Großhirnrinde als erstes. Das ist gut so! Denn die Gefühlszentrale im Inneren des Gehirns arbeitet viel schneller als die Wahrnehmungen auf der Außenrinde. Wir haben ja keine Zeit, eine ganze Geschichte gründlich zu überlegen und abzuwägen: „Aha, ich höre ein lautes Geräusch, das könnte das Fauchen eines Tieres sein, das ist bestimmt ein großes Tier, weil es so laut ist, wahrscheinlich ein schwarzer Panther oder ein riesiger Eber, möglicherweise hat er Hunger, vielleicht auch nur schlechte Laune, weil ich seinen Mittagsschlaf gestört habe, er weiß bestimmt nicht, was ich für ein netter Mensch bin, am Ende will er mich fressen, ich mache lieber, dass ich davonkomme…"

Müssten wir auf diese Weise über das Geräusch nachdenken, wären wir wohl schon im Bauch des Panthers gelandet. Zum Glück aber hat unser Gehirn schon ein paar Vorsichtsmaßnahmen eingebaut. Das Fauchen hat uns, ohne dass wir darüber hätten nachdenken müssen, einen gewaltigen Schreck versetzt. Aha, ein Gefühl. Dieser gefühlte Schreck hat dazu geführt, dass bestimmte Stoffe in unserem Gehirn freigesetzt werden, die uns helfen, schnell wegzulaufen. Man nennt sie auch Stresshormone. Klar, wer um sein Leben rennen muss, hat Stress. Und Hormone sind chemische Substanzen in ganz kleinen Mengen, die aber eine große Steuerungswirkung in unserem Körper entfalten. Durch diese Stresshormone können wir plötzlich ganz besonders schnell rennen. Während wir rennen, werden diese Hormone wieder abgebaut. Auch das könnt ihr ausprobieren, wenn ihr euch einmal sehr gestresst fühlt. Lauft einfach 200 Meter so schnell, wie ihr könnt, und ihr werdet sehen, dass das Stressgefühl verflogen ist.

Es gab also einmal Zeiten, da war es geradezu überlebenswichtig, dass wir auf Klänge und Geräusche mit Gefühlen reagiert haben. Tiere verhalten sich so, und in uns Menschen sind solche Reflexe nach wie vor lebendig. Bei Musik geht es nicht gleich um Leben oder Tod. Musikalische Schallwellen lösen aber im Inneren unseres Gehirns ebenso Gefühle aus, viele Tausendstel Sekunden, bevor uns eigentlich klar ist, was wir da genau hören. Eine schöne, sanfte Melodie „wärmt" unser Herz, lange bevor wir erkannt haben, dass sie dauernd bei Hochzeiten in der Kirche oder auf dem Standesamt gespielt wird. Ein wilder, aggressiver Rhythmus fährt uns in die Beine, ohne dass wir genau wüssten, was da eigentlich mit uns passiert. Bilder von Rockkonzerten sagen eigentlich alles.

Diese Gefühle sind aber nicht die einzigen, die beim Musikhören spontan entstehen. Es gibt auch den umgekehrten Weg nach der Verarbeitung in der Großhirnrinde. Wenn die Impulse dort angelangt sind, erkennen wir: „Aha, ich höre Musik". Nun ist Musik nicht gleich Musik, und wir registrieren sie aufmerksamer und unterscheiden: „Aha, das sind ein Cello und eine Gitarre, die da ein Konzert geben, eine Geige und ein Klavier, vielleicht auch eine Triangel und eine Kesselpauke. Und sie spielen – ah – die wiegende Hirtenmusik aus dem Weihnachtsoratorium von Bach oder einen Hit von meiner Lieblingsband oder ein altes Volkslied oder – iii – einen lalalangweiligen deutschen Schlager." Wir vergleichen also wieder mit unserem Vorwissen und dem, was wir schon einmal gehört haben, mit unseren Empfindungen und Erinnerungen an dieses erste Hören. Alle diese Informationen werden nun wieder ins Innere in die Gehirnhöhle geleitet und dort aufs Neue mit Gefühlen verbunden. Wenn es Instrumente sind, die wir mögen, wenn wir mit diesem Musikstil schöne Erinnerungen verbinden, wenn wir diese Musik vielleicht gerade zusammen mit Freunden hören, dann werden

wiederum gefühlsfördernde Stoffe in unserem Gehirn freigesetzt. Nun sind es keine Stresshormone, sondern so genannte Endorphine.

Es gibt Wissenschaftler, die haben diese Endorphine als eine „Selbstbelohnung unseres Körpers" bezeichnet. Wenn es uns gut geht, wir etwas gerne tun, wenn wir glücklich sind, dann verschaffen diese Endorphine unserem Körper auch ein angenehmes Gefühl. Es gibt Bergsteiger, die klettern nur deshalb auf einen hohen und schwierigen Berg, weil sie dieses schöne Gefühl spüren möchten, mit dem sie ihr Körper nach einem gefährlichen und anstrengenden Aufstieg belohnt. Wer weniger sportlich ist, erlebt seine Ausschüttung von Endorphinen vielleicht schon beim Anblick eines knusprigen Gänsebratens.

Wir fassen zwischendurch einmal zusammen: Gefühle werden an verschiedenen Stellen unseres Gehirns durch die Bildung chemischer Stoffe erzeugt. Musik kann sie ganz besonders anregen. Diese Gefühle sind nicht allein der Musik vorbehalten. Man kann sie auch bei anderen freudvollen Tätigkeiten entdecken, zum Beispiel beim Schokoladeessen

oder in der Liebe zu einem anderen Menschen.

Welche Musik aber nun besonders in der Lage ist, schöne Gefühle zu erzeugen, darüber kann man keine eindeutigen Angaben machen. Jetzt kommt so etwas wie der Geschmack ins Spiel, denn das hängt zum größten Teil von euren persönlichen Erfahrungen ab. Wenn ihr mit einer bestimmten Musikart schöne Erinnerungen verbindet, wird sie in euch auch schöne Gefühle wecken, ganz gleich, ob dieselbe Musik für den Nachbarn vielleicht ganz fürchterlich klingt. Vielleicht bilden sich bei ihm gerade Stresshormone, während ihr ganz glücklich seid?

Die Wissenschaftler haben lange darüber nachgedacht, ob unangenehme Gefühle eigentlich anders verarbeitet werden als angenehme. Die bisher gültige Theorie besagt, dass alle Gefühle – unangenehme wie angenehme – in der rechten Gehirnhälfte verarbeitet werden, während für alle Dinge, die mit Denken und dem nüchternen Verstand zu tun haben, die linke Hälfte zuständig ist. Neue Untersuchungen haben aber gezeigt, dass das möglicherweise gar nicht stimmt. Einen Test dazu könnt ihr zu Hause ebenso wenig exakt ausführen, wie es Professor Gies und Professor Lessing in der Kindervorlesung vermochten. Dazu braucht man ein großes Labor. Sie haben ein bisschen gespielt und geschummelt und Kindern einen Helm mit lauter Messstellen für Gehirnströme aufgesetzt. Einen Spielzeughelm natürlich, aber das Computerbild dazu war echt. Es zeigte die Anregung der beiden Gehirnhälften, wenn ihnen ziemlich stürmische Musik aus den „Jahreszeiten" von Antonio Vivaldi vorgespielt wurde. Dabei konnte man sehen, dass angenehme, gute, positive Gefühle eher in der linken Gehirnhälfte verarbeitet werden. Diese Erkenntnis ist brandneu und ziemlich spektakulär. Man könnte daraus nämlich schließen, dass man einem Musikstück nachträglich kaum noch gute Seiten abgewinnen kann, wenn das Gehirn schon entschieden hat, dass es eher unangenehme Emotionen erzeugt.

Heißt das nun, dass wir an unseren Gefühlen gar nichts ändern können und letztlich nicht frei sind beim Musikhören? Zum Glück nicht. Unser Gehirn ist nämlich äußerst lernfähig. Es kann sich lohnen, auch ein Musikstück öfter anzuhören, das einem zunächst gar nicht gefallen hat. Es kann sich allmählich in einem ganz anderen Licht präsentieren. Und wenn sich dann ein paar gute Erfahrungen mit dieser Musik hinzugesellen, stellen sich plötzlich Glücksgefühle bei Musikstücken ein, bei denen man vorher das Radio lieber ausgeschaltet hat.

Mit unseren komplizierten Hirnstrommessungen sind wir schon ein ganzes Stück über den Gehirn-Grundkurs hinausgekommen. Auch ohne die medizinischen Wissenschaften können wir es uns zum Schluss noch einmal ganz einfach machen, um dem Glück in der Musik auf die Spur zu kommen. Probiert es mit einer sanften Lieblingsmelodie selbst aus! Das ist der Gänsehauttest. Konzentriert euch beim Hören und achtet auch auf euren Körper! Ihr werdet selten aufgefordert, nicht so viel zu denken, aber hier ist es einmal angebracht. Was passiert? Nicht nur der Kopf, sondern viele Teile des Körpers sind beteiligt. Die sprichwörtliche Gänsehaut stellt sich zuerst

ein, vielleicht ein Kribbeln im Bauch, Herzklopfen oder sogar ein trockener Mund. Die meisten Menschen reagieren so, haben die Wissenschaftler bestätigt. Natürlich finden nicht alle die gleiche Musik schön, und nicht alle reagieren gleich intensiv. Aber die Praxis bestätigt die Wirkung von Musik auf die meisten Menschen, egal, welches Alter oder Geschlecht sie haben oder woher sie stammen.

Ein cleverer Komponist weiß, wie er eine solche Wirkung erzielt und was er in diese musikalische Gefühlsmedizin hineinrühren muss. Er kennt die Tricks und Rezepte, um bestimmte Gefühlszustände zu erzeugen. Die beiden Professoren haben es wieder mit einem Experiment vorgeführt, das auch ihr mit einem Videogerät und einem CD-Spieler nachspielen könnt. Sie haben nämlich ein und dieselbe Filmszene aus einem Western mit zwei verschiedenen Melodien unterlegt. Während eine Frau am Bahnhof wartete, war einmal ein Zusammenschnitt wilder und stürmischer Musikteile zu hören und dann die originale verträumte Filmmelodie. Aufgeregtes, hektisches Warten also oder die schwärmerische Sehnsucht nach einem, der vielleicht ankommen könnte.

Um diese zweite Stimmung des Wohlbefindens, vielleicht des Glücks zu erzeugen, gibt es einige bewährte Rezepte für den Komponisten. Man nehme:

1 Ein mäßiges Tempo, nicht zu schnell, aber auch nicht schleppend.

2 Man wähle Harmonien, die regelmäßig wechseln, aber doch viele gemeinsame Töne haben. So wechseln sie weder schroff noch schräg und klingen doch abwechslungsreich.

3 Die Basslinie schreitet gemächlich eine Tonleiter hinab, ein ganz alter Trick, den schon Johann Sebastian Bach benutzt hat. Ihr könnt ihn, wenn ihr genauer hinhört, auch bei etlichen Nummern aus den Charts wiederfinden, egal, ob das Hip-Hop, Metal, Dancefloor, Schlager oder Musical ist.

4 Man wähle eine Melodie, die mit einem Intervall beginnt, das nach Zuversicht und Optimismus klingt. Das ist zum Beispiel die große Sexte, also sechs Tonstufen. In der weiteren Folge aber sollte man auf große Tonsprünge verzichten.

5 Man lasse das Ganze von einer menschlichen Stimme singen, die darüber hinaus auch noch künstlich mit Hall unterlegt ist. So bekommt man das Gefühl, man würde selbst mitsingen.

Apropos: Selbst singen! Das kann eigentlich jeder. Es ist die einfachste Form, große Gefühle auszudrücken oder sie zu erzeugen. Eure Großeltern wussten das noch besser und haben viel mehr gesungen als wir heute, in der Familie, nach Feierabend oder auf Festen. Denn besonders das gemeinsame Singen schafft ein schönes Gemeinschaftsgefühl, ist solch ein musikalisches Glückserlebnis. Aber wer singt heute noch auf einer Fete? Wer kann überhaupt noch Liedertexte? Wer das gemeinsame Singen schätzen gelernt hat, findet dafür meist nur in einem der vielen Chöre eine Gelegenheit. Dafür ist eine andere Form in Mode gekommen, die auch ein Gefühlsventil öffnen soll: Karaoke. Sie kommt aus Asien, wo

Menschen eine Fluchtmöglichkeit aus ihrem streng geregelten Leben suchten. In einer einsamen Box oder mit Publikum konnte man bei einem laufenden Musikstück mitsingen und seine Gefühle herausschreien. Während der Ausstellung zum Thema „Glück" im Hygiene-Museum war eine solche Box aufgebaut. Man konnte sich hineinsetzen, singen und glücklich werden. Denn „Singen wirkt sich positiv auf Geist und Seele aus, auf Konzentrationsfähigkeit, Stress-Resistenz, soziales Verhalten und Lebenszufriedenheit." Das stand jedenfalls auf dem Schild, das an der Karaokebox hing.

Probiert es doch aus! Am besten gemeinsam. Und wenn euch ein Text fehlt, kommt hier ein Vorschlag. Diesen Hit der „Prinzen" haben die Jung-Studenten der Dresdner Kinder-Universität zum Schluss der Vorlesung auch alle mitgesungen:

Alles Nur Geklaut

Ich schreibe einen Hit,
die ganze Nation, kennt ihn schon.

Alle singen mit,
ganz laut im Chor, das geht ins Ohr.

Keiner kriegt davon genug,
alle halten mich für klug.
Hoffentlich merkt keiner den Betrug!

Denn das ist alles nur geklaut.
Das ist alles gar nicht meine.
Das ist alles nur geklaut.
Doch das weiß ich nur ganz alleine.
Das ist alles nur geklaut und gestohlen,
nur gezogen und geraubt,
tschuldigung, das hab ich mir erlaubt!

Ich bin tierisch reich,
ich fahre einen Benz, der in der Sonne glänzt.

Ich hab'n großen Teich
und davor ein Schloß und ein weißes Roß.

Ich bin ein großer Held,
und ich reise um die Welt.
Ich werde immer schöner durch mein Geld!

CHORUS

Ich will dich gern verführn.
Doch bald schon merke ich, daß wird nicht leicht für mich.

Ich geh mit dir spaziern,
und spreche ein Gedicht, in dein Gesicht.

Ich sag: Ich schrieb es nur für dich
und dann küßt du mich.
Denn zu meinem Glück weißt du nicht

CHORUS

Auf deinen Heiligenschein
fall ich auch nicht mehr rein.

Denn auch du hast, Gott sei Dank,
garantiert noch was im Schrank.

Und das ist alles nur geklaut!
Das ist alles gar nicht deine!
Das ist alles nur geklaut,
doch das weißt du nur ganz alleine!
Das ist alles nur geklaut und gestohlen
nur gezogen und geraubt.
Wer hat dir das erlaubt?
Wer hat dir das erlaubt?

Liebe Kinder,

auch in Zukunft hält die Kinder-Universität Dresden für euch ein spannendes Programm bereit. In jedem Semester erwarten euch fünf Vorlesungen, die im Hörsaalzentrum der Technischen Universität Dresden und im Deutschen Hygiene-Museum stattfinden. Die Anmeldung für das Sommersemester beginnt immer am ersten Schultag nach den Winterferien, die Anmeldung für das Wintersemester am ersten Schultag nach den Sommerferien.

Viele Informationen rund um die Kinder-Uni findet ihr unter www.ku-dresden.de.

Ihr habt Anregungen, Vorschläge oder Wünsche? Dann schreibt uns an:

Kinder-Universität Dresden, TU Dresden
Universitätsmarketing
01062 Dresden

Oder schreibt uns eine E-Mail an:
info@ku-dresden.de

Leider können wir nicht alle Briefe beantworten, aber wir bemühen uns, bei unseren Planungen eure Wünsche und Vorschläge zu berücksichtigen!

Eure Kinder-Universität

Impressum

Herausgeber	Technische Universität Dresden
Auflage	2000
Texte	Michael Bartsch nach Manuskripten
Redaktion	Katharina Leiberg, TU Dresden
Illustration | Satz | Gestaltung	Doreen Thierfelder
Videomitschnitt der Vorlesungen	Medienzentrum der TU Dresden
Redaktionsschluss	31.10.2008
Druck	Stoba-Druck GmbH
ISBN	978-3-86780-096-9